"El día que escuché el testimonio de Ada, supe que todos podemos ser felices si sometemos nuestra vida a los deseos de bien que Dios tiene para nosotros. Él puede rescatarnos del pozo más profundo, devolvernos la esperanza, restaurar nuestro cuerpo y espíritu para que dejemos atrás la oscuridad, y avancemos con paso seguro hacia el gozo que nos tiene prometido.

Ada es un vivo ejemplo de que en el Señor, las cosas viejas pasaron y todas son hechas nuevas. Ella, junto a su esposo Joe, ha demostrado que aunque no podemos borrar nuestro pasado, sí es posible superarlo para que no tenga poder sobre nuestro futuro. Mi amiga, mujer valiente y fuerte, lo logró y nos muestra cómo hacerlo".

—Dr. Cash Luna
Pastor principal de la Iglesia Casa de Dios en
Guatemala

"El libro que tiene usted en sus manos es un testimonio, un trofeo y un tributo. Es el testimonio de una mujer agradecida que encontró en el amor de Dios la aceptación y el perdón que solo Él puede dar. Es también un trofeo para Jesús, que vino a buscarla y lo entregó todo con tal de hacerla libre. Finalmente, es el tributo de una hija que se sabe amada por su Padre bueno, que restauró su dignidad y le dio la más completa aceptación.

Estoy seguro de que toda persona que lea este libro será bañada con la misma gracia, abrazada con el mismo amor y honrada con la misma bendición que Ada ha recibido de nuestro precioso de Dios".

—Marco Barrientos, salmista y pastor principal del
Centro Internacional Aliento
Dallas, Texas

"Estamos viviendo en una generación rica en recursos materiales, pero extremadamente pobre de las virtudes que producen la genuina prosperidad, la del alma. El hombre moderno necesita volver a creer en los hechos maravillosos que Dios obra en los individuos. Ada Rosa es, sin lugar a dudas, un testimonio de dichas maravillas y su libro se convertirá en un testamento para edificar tu fe y hacerte volver a vivir en una expectativa de milagros para tu vida. A través de las últimas décadas, miles de personas han sido transformadas por el eco de esperanza de esta gran mujer de Dios y hoy, finalmente, este mensaje es plasmado en papel, como una prueba más de que el mismo Dios que transformó su vida está deseoso de transformar la tuya también. Te invito a navegar a través de estas páginas cuyo destino es un puerto de mayor bendición".

—Ruddy Gracia,
pastor principal de Segadores de Vida
Hollywood, Florida

¡CAMBIA MI VIDA, SEÑOR!

¡CAMBIA MI VIDA, SEÑOR!

ADA ROSA

CASA
CREACIÓN

¡Cambia mi vida, Señor! por Ada Rosa
Publicado por Casa Creación
Una compañía de Charisma Media
600 Rinehart Road
Lake Mary, Florida 32746
www.casacreacion.com

Editado por: Ofelia Pérez
Diseño de la portada: Justin Evans
Director de diseño: Bill Johnson

Library of Congress Control Number: 2012955891

ISBN: 978-1-62136-130-5

E-book ISBN: 978-62136-141-1

Impreso en los Estados Unidos de América

18 19 20 21 22 * 11 10 9 8 7

Carta a nuestra madre, Ada Rosa

Damos gracias a Dios por la increíble madre que Él nos dio. Nuestra madre nos enseñó tres cosas en nuestra vida: la fe, la oración y el perdón. La fe de nuestra madre nos ha hecho el hombre y la mujer que hoy somos. La oración es algo que hemos visto a mi madre hacer toda nuestra vida. No importaba lo que sucediera, siempre llegábamos a la misma conclusión: "vamos a orar". Dios siempre contestaba. La habilidad de mi madre para perdonar es la razón por la cual Dios la ha usado de una manera tan poderosa para Su gloria.

Madre, gracias por ser un ejemplo y una mujer de Dios.

Te amamos,

Ephraim y Mónica

Dedicatoria

Le dedico este libro a Yolanda, mi hermana menor, quien ahora está en la presencia de Dios. Su deseo era poder leer este libro y si lo hubiera leído, hubiera dicho: "Este libro es una bendición".

A mi esposo Joe, mi hijo Ephraim, mi hija Mónica y su esposo Terry, y mis nietos, Deveanna, Aleah, Elisha, Cayden, Kayla, Kristen, muchas gracias por su ánimo y apoyo.

AGRADECIMIENTOS

ADios sea la gloria porque si no fuera por Él, yo no hubiera escrito este libro. Por Él y en Él yo vivo. Doy gracias a mi esposo Joe, con quien estoy casada desde hace 40 años. Lo amo porque ha estado a mi lado y ha sido una inspiración para mí. A mis hijos Ephraim y Mónica, que son una parte tan importante de mi vida y siempre lo serán, les amo con todo el corazón.

CONTENIDO

PRÓLOGO

CUANDO CONOCÍ A Ada Rosa, su vida estaba toda ordenada. Era esposa de pastor en la ciudad de Phoenix, Arizona, con dos hijos hermosos, viviendo en una casita linda. Miriam y yo tuvimos el honor de pasar unos días como huéspedes en su casa, ya que me habían invitado a predicar a la congregación que pastoreaban ella y su esposo, Joe. Desde de que los conocimos, sentimos un afecto especial por esta familia y la amistad ha perdurado y florecido durante todos estos años.

Yo sabía que Joe y Ada tenían un "tremendo" testimonio. Ocasionalmente, hemos compartido juntos en eventos de matrimonios donde los escucho mencionar algunos detalles de su vida antes de Cristo y me ha sorprendido y bendecido ver la mano poderosa de Dios en sus vidas y su matrimonio.

Sin embargo, nada de lo que había escuchado me preparó para leer lo que ahora usted, querido amigo, tiene en sus manos. La historia íntima y personal de Ada es una de tragedia, abuso y violencia, convertida en triunfo, aciertos y victoria. Es una demostración absoluta de que la gracia de Dios es una fuerza funcional en la vida del que cree. Su gracia se escurre por las calles y corre por los pasillos de los lugares más recónditos y lejanos del mundo buscando, llamando, acercando y señalando un mejor camino. La gracia de Dios tomó a la fuerza a una niña destruida y abusada llamada Ada, y la convirtió en la princesa hermosa del Reino de Jesucristo que es en el día de hoy.

Al leer su historia, confieso que me impactó de manera profunda. Algunos relatos son muy fuertes. Los escribió con dolor humano y mucha intimidad. Pude sentir su pena, rechazo, angustia y desesperación. Lloré en más de una ocasión al leer estas páginas. También me gocé profundamente al ver la victoria absoluta que ha logrado en Cristo Jesús. La gracia que Dios le ha dado a Ada de hablar de su pasado, contrastándolo con su victorioso presente es admirable e inspiradora.

Esta historia es una acerca de la gracia de Dios y del poder Redentor en la vida de "todo aquel que cree". Su gracia no es un "cuentos de hadas", pero este libro sí es el "cuento real de Ada".

—MARCOS WITT

INTRODUCCIÓN

S I NO FUERA por la gracia de Dios, no sé dónde estaría; no sería nadie ni tendría nada. Pero Dios es tan bueno y misericordioso que hoy tengo una vida digna y una familia a quien amo con todo el corazón.

Hace más de cuarenta años, cuando muchos me desecharon y yo misma a los quince años de edad pensaba que no valía nada, conocí a un Dios que miró mi corazón y me hizo saber que tenía planes para mí. Primero, me sanó de la adicción sin que mi cuerpo sufriera. Entonces fue entrando en mi mente y mi espíritu hasta que yo entendí que para que Él completara su obra, yo tenía que permitirle a Jesús entrar en mi corazón. Recuerdo que me dijeron: "Dale a Dios una oportunidad". Yo tomé la decisión de entregarle todo y lo dejé revolucionar mi vida. Esa oportunidad que yo le di, Él la convirtió en mi segunda oportunidad.

Dios todo lo completa y lo perfecciona. No solamente me sanó. Dios transformó mi carácter, enterneció mi corazón endurecido y me dio amor para dar. Hizo realidad todos mis sueños de niña: me regaló un esposo, me vistió de blanco para ir al altar y obró el milagro de convertirme en madre de dos hijos. Ha abierto puertas para que yo sea instrumento de liberación y renovación para miles de personas. Su generosidad y su poder van más allá de todas mis expectativas. Lo he visto trascender para mí lo imposible y acompañarme en todos mis procesos de aprendizaje.

Soy una mujer que entiende que solo Dios da las segundas oportunidades y que el pasado no importa porque Él hace nuevas todas las cosas cuando te entregas a Él. Nadie puede cambiar por sí solo, pero Dios puede cambiarlo todo. Te espera un futuro mucho mejor que tu vida presente o anterior, si cuentas con la ayuda de Dios y aceptas el plan maravilloso que Él tiene para tu vida.

Hoy tengo el privilegio de servir a Dios, de poder contar la historia de mi vida y de retar a todos los que lean este libro a dejar que Dios les brinde una segunda oportunidad para una vida digna.

—PASTORA ADA ROSA

Capítulo 1

RECUERDOS DE MI NIÑEZ

MI RECUENTO EMPIEZA cuando tenía ocho años. Mi madre llegó a casa con una bolsa plástica grande. Mis hermanos y hermanas estaban bien emocionados queriendo ver qué había en esa bolsa negra. Todos rodeamos a mi mamá preguntándole: "Mami, ¿qué hay en esa bolsa?". Repentinamente, ella comenzó a sacar trastes y todos pusimos caras de desaliento. Lo primero que sacó fue un contenedor plástico vacío, de los que usaban para poner los tomates. Entonces empezó a mostrarnos que con este contenedor podíamos hacer una cama para las muñecas. Ella le colocó un lindo pedazo de tela y sí lucía como la cama de una muñeca. Luego metió de nuevo las manos en la bolsa y empezó a sacar muñecas. Claro, no eran nuevas, eran usadas. En la bolsa plástica había juguetes rotos que no podíamos saber qué eran, junto con algunas otras cosas. Mi madre se aseguraba de que los pedazos rotos y las cosas que no eran juguetes sirvieran para nosotros. Aunque no tuviéramos mucho, mi madre y mi padre nos amaban y siempre nos lo demostraban.

Nací y me crié en la ciudad de Nueva York, viviendo

en los "proyectos" (complejos de vivienda con subsidio) de la calle 125 en Manhattan, que se consideraba parte de Harlem. Crecí entre afroamericanos y puertorriqueños. El verano era muy entretenido para mí porque jugaba afuera. Bajaba las escaleras del edificio para ir al parque a jugar con otros niños con mi mamá allí, asegurándose de que nos divirtiéramos.

Recuerdo las risotadas en mi casa y los buenos ratos que mis padres pasaban con nosotros. Mi papá era un hombre muy trabajador. Siempre tuvimos comida en la mesa. Cuando las cosas no andaban muy bien debido a que mi padre había sido despedido de su empleo, él salía a buscar otro trabajo y regresaba a casa con algo para comer, aunque solo fuera huevos.

En la casa siempre había música. En los días festivos como las Navidades, era tanta la diversión que la familia de mi papá nos visitaba y bailábamos, reíamos y comíamos. Todos la pasábamos muy bien. Mi papá, en aquel momento, bebía licor solamente los fines de semana. Era un tipo de persona que no había otra posibilidad sino llevarse bien con él. Era muy amistoso, siempre hacía chistes con la gente y muchos en el vecindario lo amaban. A mis amigas les fascinaba estar alrededor de mi papá porque él las hacía reír. A veces él compraba un paquete grande de caramelos y los repartía entre todos los niños en el vecindario. Era muy divertido; creo que por eso siempre había mucha risa en casa. Durante mucho tiempo, fue un buen padre y un buen esposo.

Yo, siendo la hija mayor, era la más apegada a él. Para él yo era su princesa y puedo decir que teníamos una bonita relación. No era que nos sentáramos y habláramos mucho, pero nos llevábamos bien. Ahora...ser la mayor no siempre fue divertido porque yo tenía que cuidar de mis hermanos y en cualquier momento que hicieran algo que a mis padres no les gustara, me acusaban a mí y adivinen a quién castigaban.

Éramos cinco hermanos: Yolanda, Leticia (Letty), Víctor, Ricardo y yo, que era la mayor. No recuerdo que peleáramos entre nosotros. Tampoco vi peleas entre mis padres durante las primeras etapas de mi vida. Creo que si hubiera tenido que darle una calificación a mi familia entre 1 y 10, le hubiera dado un 7, que no es tan malo. No éramos una familia perfecta y como mis padres no conocían del Señor, tuvimos ciertos desacuerdos. Ellos decían que eran católicos, pero ni siquiera íbamos a misa. Aún así, mamá siempre mencionaba a Dios. A veces nos hablaba de lo bueno que era Dios con nuestra familia, pero de vez en cuando también oía el nombre de Dios cuando profería malas palabras.

Mi mamá y mi papá eran chapados a la antigua y así eran sus pensamientos; eran sobreprotectores con nosotros. Mi papá, siendo un hombre latino, era extremadamente estricto. No permitía muchas cosas, como a las hembras hablando con los varones. En mi casa eso era un "no, no". Claro, a sus espaldas hablábamos con varones. Muchas veces yo no entendía esa actitud y pensaba que era injusto. Ellos no nos daban una explicación de por qué eso estaba mal. No se nos permitía hacerlo y punto. Yo entendí que los padres siempre quieren proteger a las hembras más que a los varones. Llegué a comprender por qué él era así con nosotras las muchachas. Yo sé que él no quería que ningún daño nos ocurriera, como salir con un muchacho y quedar embarazada, dejar la escuela o comenzar a experimentar con drogas.

Sin embargo, crecimos muy inocentes porque no nos explicaban los riesgos de la calle. Nunca nos hablaron de cuán difícil podía llegar a ser la vida y qué tan cruel podía resultar el mundo con todos sus rollos. Nosotros crecimos en un tiempo donde las pandillas y la adicción a las drogas iban en aumento. En aquel momento la heroína era una droga muy popular; era la droga que muchos hombres y mujeres estaban usando. A pesar de esa realidad, en mi casa nadie hablaba de drogas, de alcohol ni de los vicios del mundo. Mi madre nunca se sentó con mis hermanas y conmigo a hablarnos sobre el desarrollo físico de la mujer y otros asuntos que las jóvenes necesitan saber para enfrentarse a la vida. Nunca nos dijo lo que era el ciclo menstrual y qué significa eso en la vida de una joven, así que crecimos ignorantes de lo que ocurría a nuestro alrededor y, como tales, indefensas ante muchos peligros.

Ahora que soy madre sé lo importante que es para los padres comunicarse con sus hijos. Como padres, muchas veces no damos a nuestros hijos la oportunidad de hablar con nosotros sobre situaciones que ellos enfrentan. No les permitimos sentir que pueden confiar en nosotros.

Mis padres sí insistieron en hacernos ver la importancia de la educación. Ellos querían que sus hijos termináramos la escuela secundaria y que luego fuéramos a la universidad. Yo salía de la escuela y tenía escuela de nuevo en la casa. Nunca fallaba. Salíamos de la escuela a las 3 p. m., llegábamos a las 3:15 y a las 4:30 p. m. mi papá nos reunía en un cuarto con sillas y mesas, y nos ayudaba con nuestras tareas. Nos enseñaba como si él fuera el maestro de la clase.

Yo respetaba a mi papá, pero creo que era miedo lo que más le tenía. Yo sabía de lo que era capaz si no hacíamos lo que decía, pero aún así nos amaba y quería lo mejor para nosotros.

Después de tantos años de que mi papá trabajara en fabricas, empezó a trabajar en restaurantes, como lavaplatos y en mantenimiento. Lo hizo por muchos años, y un día vino a casa y dijo que lo habían promovido como ayudante de cocinero. ¡Estaba tan contento y emocionado con esta promoción! Pasaron unos días y mi papá vino a casa con otras buenas noticias. Dijo que el cocinero renunció al trabajo y el administrador le pidió que tomara la posición como el cocinero del restaurante. Él estaba ansioso por ir al trabajo al siguiente día.

A mi papá le iba muy bien en el restaurante. A veces se iba muy temprano en la mañana y volvía a casa bien tarde en la noche. Había tiempos en que no lo veía porque estaba trabajando mucho. Algunas noches me acostaba y quedaba despierta, esperando por que mi papá regresara a casa. No tenía permiso para ir a recibirle, pero tan pronto lo escuchaba entrar a casa, sentía que todo iba a estar bien. Para mí, mi padre era la persona más importante en mi vida, era mi héroe y mi amigo. A pesar de como él era, yo lo amaba.

Un sábado, mi padre llegó a casa y dijo: "Quiero que todos se vistan porque les voy a enseñar una gran sorpresa". Yo no podía esperar para ver cuál era la sorpresa. Cuando todos nos reunimos, él dijo: "*Ok*, bajemos las escaleras". Así que empezamos a caminar y nos llevó hasta un carro. Él abrió las puertas del carro y dijo: "*Ok*, adentro todos". Comenzamos a hacer preguntas como: "¿De quién es este carro?". Él nos dijo que lo compró de un amigo por un buen precio. No lo podíamos creer. Yo estaba tan feliz y por un momento me sentí adinerada, lo que no éramos, pero así me sentía. Desde ese entonces, todos los sábados y en ocasiones los domingos, nuestro padre nos metía al carro y nos llevaba a las afueras de la ciudad de Nueva York.

La primera vez que salimos de la ciudad, vi árboles preciosos, casas bellas y hermosos caballos. No podía creerlo porque nunca había mirado escenarios tan hermosos. Ni siquiera sabía que existían. Claro que los había visto en la televisión, pero no en la vida real. Cuando los veía en televisión, pensaba que esos lugares estaban tan lejos que nunca en mi vida podría verlos personalmente. Algunas veces nos parábamos en el camino para recoger melocotones y manzanas directamente de los árboles. ¡Cómo esperábamos todos por estos viajes! Salíamos temprano en la mañana y regresábamos tarde en la noche. De regreso nos quedábamos dormidos, con excepción de mi madre. Ella improvisaba una conversación con papá para que él permaneciera despierto. Usualmente, las conversaciones eran sobre nosotros y cómo ellos querían que fuéramos buenos niños y termináramos la escuela. Yo percibía que ellos no terminaron la escuela. No tuvieron educación y querían que nosotros fuéramos exitosos en nuestras vidas, ya que ellos no pudieron.

Mi mamá y mi papá no eran tontos, eran inteligentes. Lo sé por las conversaciones que tenían con otras personas, generalmente sobre política. Algunas veces eran conversaciones bien intensas. Yo no entendía de qué ellos hablaban, pero me gustaba escucharlos y verlos mientras conversaban. Yo me decía en mi mente: "Wao, si mis padres hubieran terminado la escuela y hubieran ido a la universidad, hubieran sido personas muy importantes en la vida".

EL SECRETO DE MI MADRE

Yo nunca supe cuál era la verdadera situación de mi papá y mi mamá cuando eran jóvenes, pero recuerdo haberle pedido a mi mamá que nos hablara de su niñez y ella sonreía y decía: "No es importante". Por más que insistía, ella nunca hablaba sobre eso. Tanto era así, que yo nunca supe de mis abuelos maternos porque ella nunca los mencionaba. Solo sabía que tuvo dos hermanas y la mayor de ellas fue la que la crió, mi tía Gloria. Yo quería que mi madre se comunicara con nosotros. Yo sé que algo le había pasado en su niñez. Aún cuando ya yo era adulta, le preguntaba y ella me decía: "Si yo quisiera que supieras, ya te lo hubiera contado". Así que cualquier situación que ella enfrentó se la llevó con ella a la tumba porque nunca habló de su vida. Una cosa puedo decir sobre mi madre: que ella nos defendía si era necesario y si no, no nos defendía. Era una mujer fuerte.

Yo pienso que es triste cuando has pasado por la vida con tanto dolor y tanta pena, pero más triste es cuando no lo dejas ir y prefieres mantenerlo todo encerrado dentro de ti. Vas por la vida como si todo estuviera bien, pero no es cierto. Tarde o temprano esas cosas regresan a ti para atormentarte y no podrás huir de eso. No importa el frente que pongas para hacer creer que todo está bien, en realidad no lo está.

Por el otro lado, conocía a mi abuela paterna y a mis tíos y tías paternos. Mi abuela era una mujer muy rígida y no creo que mi mamá le caía bien. En ciertas ocasiones la veíamos en los días festivos. Ella ignoraba a mi mamá o la ofendía. Mi papá siempre le decía: "Vas a tener que cambiar tus modales". Ellos se peleaban por la manera en que ella trataba a mi mamá, pero mi abuela era igual con mi otra tía que estaba casada con otro de sus hijos. Mi abuela nos trataba muy mal a nosotros los nietos. No nos sentíamos bienvenidos en su casa, así que llegó un momento cuando dejamos de visitarla.

Un día, mi mamá nos dijo que tenía un hijo que era nuestro medio hermano. No era hijo de mi papá. Yo nunca le pregunté qué le había pasado a él, ni le pregunté si ella se había casado anteriormente. Yo sé que hubo alguien antes que mi papá, pero eso era algo de lo que ella no hablaba. Bien dentro de mí, yo quería saber muchas cosas sobre mi madre, pero ella siempre hablaba de Alfredo, mi medio hermano. Ella sufría mucho porque no lo había visto en años. Siempre decía: "Me pregunto dónde estará, dónde vive, qué estará haciendo". Ella nos mencionó que él era un bailarín de ballet y eso era todo lo que sabíamos sobre él. Yo sé que muy dentro de ella, quería saber sobre su hijo. Yo no sé si mi mamá dio a Alfredo en adopción o si se lo regaló a alguien.

Un sábado o domingo, uno de esos días que no había escuela, alguien tocó a la puerta y mi mamá abrió (no nos permitían a nosotros abrir la puerta). Yo la escuché gritar y llorar a la vez. Estaba en mi cuarto en ese momento y la recuerdo diciendo: "¡No lo puedo creer!". Me preguntaba qué era todo ese escándalo y entonces ella nos llamó: "Vengan a la sala". Yo miré a mi mamá y ella estaba llorando, pero con una gran sonrisa en su cara. Allí en mi sala estaba un muchacho buen mozo y alto. Y entonces ella dijo: "Este es tu hermano Alfredo". Nosotros dijimos: "Hola". Él dijo: "Hola", pero él era diferente a nosotros. Él se veía más educado y de buenos modales. Ellos hablaron por mucho rato ese día y mi papá estaba en el trabajo. Papá no vendría a casa hasta más o menos las tres de la mañana. De todas maneras, mi mamá estaba tan feliz. Ninguno de nosotros sabía que mi mamá había puesto un mensaje en el periódico tratando de encontrar a su hijo perdido que ella no había visto por tantos años. Ella le había dicho a mi papá, pero no a nosotros.

Después de la visita de nuestro medio hermano, él dijo que volvería a la siguiente semana y así lo hizo. Él volvió el próximo sábado y disfrutamos su visita. Nos dijo que era bailarín y estaba en una obra llamada *West Side Story* y trabajó en la película *Bye Bye Birdie*. Todo lo que él hablaba parecía tan emocionante para mí y pensé en mis adentros: "Wao, yo tengo un hermano que es alguien en la vida". Mi hermano Alfredo, a quien nosotros llamábamos Freddie, era un poco raro. Después nos enteramos de que era homosexual. Freddie regresó a visitarnos dos o tres veces más y después no supimos más de él. Nunca más nos escribió o nos llamó. Yo no sé lo que le pasó.

Capítulo 2

MI FAMILIA
SE DERRUMBA

CUANDO TENÍA DIEZ o doce años de edad, mi madre nos dijo a mi hermana Letty y a mí: "Las voy a poner en clases de ballet". Si había algo que yo no quería hacer era tomar clases de ballet, pero no teníamos nada qué opinar. Mi hermana y yo odiábamos esas clases. Yo creo que mi mamá pensó que si a su hijo le iba bien en eso, tal vez a nosotras nos iría igual. Las clases de ballet no duraron mucho, así que nos llevó a tomar clases de *tap dancing*, que a mí me gustaban mucho más que el ballet, pero mi papá perdió el trabajo y ahí terminaron las clases de *tap*.

A mí me gustaba mucho la escuela y soñaba con graduarme. Hubo tiempos en que no podía esperar a que amaneciera porque quería estar en la escuela. Letty, Yolanda y yo soñábamos cómo nos gustaría que nuestras vidas fueran. Yo quería que mi vida fuera maravillosa: terminar la escuela, casarme vestida de novia, tener una boda hermosa donde mi padre me caminara hacia el altar, tener hijos y que mis padres estuvieran orgullosos de mí. Soñaba con ser propietaria de un salón de belleza. Mi hermana Letty soñaba con ser azafata y mi otra hermana, Yolanda, con ser maestra. Nunca supe lo que querían ser mis hermanos varones, pero estoy casi segura de que tenían sus propios sueños. Todos estábamos llenos de sueños y deseos que queríamos cumplir.

No debemos permitir que nada ni nadie destruya los sueños que tenemos dentro. El que deposita esos sueños en nosotros es Dios. Yo creo que si Él los pone en nosotros es porque nosotros podemos llevarlos a cabo, si no permitimos que el diablo los destruya.

Mi padre, ahora alcohólico

Algo empezó a pasar en mi casa. Mi papá comenzó a deprimirse porque no conseguía trabajo. No era que él no quería trabajar, pero no podía encontrar trabajo fijo; solo conseguía trabajos temporeros y cortos. De repente, empezó a beber, ya no solo en los días festivos o fines de semana. Las cosas comenzaron a ponerse mal porque mi papá venía a casa borracho todo el tiempo. Ya no volvió a ser el hombre divertido que era, sino uno enojado. Él llegaba a casa y empezaba a golpear a mi mamá sin razón alguna y luego nos golpeaba a nosotros. Hubo momentos en que yo tenía la esperanza de que mi padre no volviera a casa. Cuando no venía, me sentía segura, no solo por mí, sino por mi mamá y mis hermanos. Esto ocurrió durante años. Era el infierno en la tierra. Yo odiaba mi vida y la condición en la que estaba viviendo.

Por tiempos, mi papá paraba de beber, pero luego comenzaba de nuevo. Yo sentía que mi familia iba rompiéndose. Era una mala sensación, como si te sacaran el corazón sin que pudieras hacer nada. Yo no podía hacer nada por mi papá.

TRAGEDIA INESPERADA

Mi hermano Richie era un buen hijo, tenía un buen corazón y un día le dijo a mi madre que él iba a ayudar con la casa. Richie se compró una caja de limpiabotas, se fue a trabajar en las esquinas y le daba a mi mamá todo el dinero que ganaba. Pero él tenía un amigo que era considerado un rufián. Mi madre le decía a Richie que ella no quería verlo con ese muchacho y él no la escuchó. Mi hermano tenía doce años cuando su amigo y él decidieron engancharse en la parte atrás de un autobús. Esto era algo que tú veías hacer frecuentemente a los niños de Nueva York para no tener que pagar el pasaje o tan solo para divertirse. Ese día, lo que empezó como una diversión para mi hermano, se convirtió en una tragedia. El chofer del autobús vio a los dos jovencitos, decidió frenar para que se cayeran y exactamente eso pasó, excepto que mi hermano cayó de espaldas tan duramente que impactó el pavimento con su cabeza.

Lo próximo que supimos fue que él estaba en el hospital porque estaba muy mal herido, en condiciones críticas. Estábamos todos gritando histéricamente y mi papá trataba de controlarnos. Parecía una eternidad antes de que el doctor saliera y nos dijera que Richie había fallecido. No puedo describir ese día porque fue terrible. Los siguientes días, semanas, meses y años fueron muy tristes para todos nosotros, especialmente para mí porque al día siguiente tenía que ir a la escuela. ¡Había tanta tristeza y luto en mi casa!

Es tan triste cuando tú no tienes al Señor porque sin Él no es fácil manejar los problemas o situaciones que vienen a ti. Tú pasas por situaciones duras aún cuando te has convertido a Cristo y tienes que enfrentarlas, pero aunque sientas que no puedes dar otro paso, Dios ha prometido que Él estará contigo y que no te dejará. Los que estamos en Cristo tenemos la esperanza de la gloria de Dios en nuestras vidas.

Mi mamá cayó en depresión y parecía como si todos estuviéramos igual que ella. La bebedera de mi padre empeoró y una noche algo extraño pasó. Mi madre estaba involucrada en brujería y aunque esto pareció un sueño, fue en realidad un acto de brujería. Mientras mis padres veían televisión, yo empecé a flotar en el aire y aterricé en las piernas de mi papá. Le dije que si él no paraba de beber alcohol, yo sería la próxima en morir. Un día mi papá vino a casa y dijo: "Se acabó. No voy a volver a beber otra vez". Yo recuerdo a mi mamá diciéndome que lo que Gladys le estaba recomendando hacer era lo que realmente estaba haciendo efecto. En aquel momento, mi mamá practicaba la santería porque estaba teniendo problemas con mi papá, no solo por el alcohol, sino también en el matrimonio. Ella bajaba a donde la mujer que vivía en el décimo piso. A mí no me gustaba mucho esa señora porque tenía una mirada diabólica y cada vez que mi hermana Letty y yo estábamos alrededor de ella, nos sentíamos incómodas. En algunas ocasiones que íbamos a verla, ella ponía en mi mamá cosas como hojas o derramaba algún tipo de líquido sobre ella.

Mi mamá creía que la brujería era verdad. Le parecía que esa era la respuesta a sus situaciones, pero esa no era la solución. El diablo siempre torna las situaciones que nos suceden para su beneficio y que parezca bueno, pero la Biblia dice en Proverbios 14:12: *"Hay camino que al hombre le parece derecho; Pero su fin es camino de muerte"*. La Biblia también dice que hay un solo camino para llegar al Padre, como dijo Jesús en Juan 14:6: *"Yo soy el camino, y la verdad, y la vida; nadie viene al Padre, sino por mí"*.

Sí, mi papá paró de beber, pero solo porque él tomó esa decisión. Mi padre volvió a ser quien era. De todas maneras, mi familia se estaba derrumbando e íbamos camino a la destrucción. Yo lo sentí, lo vi y lo viví.

Capítulo 3

UN CORAZÓN
EN PEDAZOS

Mi hermana Letty empezó a comportarse un poco diferente y yo era la única que notaba un cambio en ella. La veía compartiendo con malas personas, y su actitud y su modo de hablar cambiaron. Letty era como mi papá. Tenía una gran personalidad, era divertida, siempre hacía reír a la gente y era la payasa de la casa. Era el tipo de persona que si tu espíritu estaba decaído, ella te lo levantaba. Ella y yo éramos bien unidas, siempre andábamos juntas, pero nunca compartíamos nuestros problemas.

Había rumores en la cuadra sobre diferentes muchachos que usaban heroína, jóvenes que yo conocía porque todos vivíamos en el mismo vecindario. Yo vi a unos cuantos amigos destruidos por la epidemia de la heroína, la droga del momento. Mi hermana comenzó a rebelarse contra mis padres, no llegaba temprano a la casa y a veces ni llegaba. Yo veía a mi mamá y a mi papá sufrir por ella y me recuerdo diciendo: "Yo nunca haré sufrir a mis padres así". Nosotros sabíamos que Letty estaba haciendo algo incorrecto, pero no sabíamos qué era. Yo podía ver que ella iba por el camino equivocado. Letty empezó fumando marihuana, pero se hizo adicta a la heroína y su hábito se agravaba más y más. Mis padres intentaron manejar las cosas lo mejor que sabían, pero no estaban teniendo éxito.

Ella no era la única que estaba rebelde; también yo, a mi manera. La diferencia entre mi hermana y yo era que ella era más abierta. A ella no le importaba lo que nadie pensara. Yo era un poco más discreta.

MI INOCENCIA EN UN COLCHÓN

Una mañana, caminando hacia la escuela, vi a Letty. Yo no iba a la misma escuela que mis hermanas y mi hermano, pero tenía que pasar por la escuela de Letty para llegar a la mía. Yo paré y empecé a hablarle. De repente vi a un tipo alto, oscuro y buen mozo, y me dije a mí misma: "Este tipo está bueno". Su nombre era Julio. Todos los días que yo pasaba por allí veía al muchacho buen mozo y me decía a mí misma: "Yo tengo que conocer a este muchacho". Yo siempre lo veía en el parque jugando *handball*, un juego muy popular entre las personas que viven en Nueva York. Yo pasaba por el parque solo para mirarlo a él. Mi hermana me lo presentó porque ella lo conocía. Después cada vez que nos veíamos nos saludábamos, pero no entablábamos conversación. Luego de unos meses, él finalmente empezó a hablarme. Yo me sentía que había muerto y me había ido al cielo. Era maravilloso.

Había una tienda de caramelos a donde todos iban después de la escuela, menos yo. Yo sabía porque mi hermana, sus amigos y Julio iban allí. Un día, Julio me dijo: "Ve a la tienda de caramelos después de la escuela y yo te encontraré allí". Yo casi me desmayo cuando él me dijo eso. Así que busqué una excusa para explicar a mis padres por qué iba a llegar tarde después de la escuela. Me inventé que tenía que estudiar para un examen con unas amigas. Hasta me pareció bien inventar la historia porque yo iba a estar con este muchacho que me empezaba a gustar no un poquito, sino mucho.

Fui a la escuela a la mañana siguiente, muy emocionada porque ese día esperaba pasar un rato con Julio. Llegaron las tres de la tarde y yo caminaba hacia la tienda de caramelos, pensando en lo que le iba a decir a este muchacho. Me estaba poniendo tan nerviosa que sentía mariposas en mi estómago. A este punto, yo no estaba muy segura si era lo que yo quería hacer. Mientras más lo pensaba, más me imaginaba que no era lo que yo quería hacer. Yo estaba casi llegando y oía la música saliendo de la vellonera cuando iba entrando a la tienda. Yo inhalé y luego exhalé. Cuando miré entre los muchachos alrededor, allí estaba él, parado con un cigarrillo en sus manos. Al acercarme, comenzó a sonreír. Yo dije: "Hola". Él dijo: "Hola". Nos quedamos mirándonos por un rato. Entonces él dijo: "Vamos afuera, aquí hay mucho ruido". Caminamos hasta un parque no muy lejos de donde estábamos. Él no me besó ni me agarró las manos. Todo lo que hicimos fue hablar de nada serio porque éramos muchachos. Hablamos de cosas estúpidas, pero no importaba porque yo estaba con el muchacho que me gustaba.

Empezamos a conocernos y nos queríamos ver en cualquier momento. Cada vez que queríamos vernos, él decía: "Yo te pitaré y eso te dirá que soy yo". Él iba a donde yo vivía, pitaba, yo miraba por la ventana y lo veía. Yo inventaba cualquier excusa para bajar a verlo. Era un pito especial y escuchar ese pito me hacía el día. Para mí no importaba nada más; todo lo que yo quería era estar con Julio. Nadie sabía de nosotros porque todo lo hacía a espaldas de mis padres.

Una mañana yo estaba de camino a la escuela y me encontré con Julio en el parque, claro, jugando *handball*. Todos los días él me caminaba a la parada del autobús para que yo lo tomara para ir a la escuela, pero ese día me pidió que no fuera a la escuela. Él quería que estuviéramos juntos y nos divirtiéramos. Yo le dije que no porque tenía miedo de que mis padres me descubrieran. Yo sabía que mi papá me mataría. Julio insistió y finalmente me rendí y dije: "*Ok*".

En la ciudad de Nueva York hay muchos edificios abandonados. Nos fuimos a uno de ellos y hablamos sentados sobre un colchón. De repente, él me miró a los ojos, yo me derretí y él me preguntó si yo lo amaba porque él estaba enamorado de mí. Yo lo miré y dije: "Sí, yo también te amo". A los trece o catorce años, ¿qué tú sabes sobre el amor? Yo te aseguro que no sabía nada sobre el amor, pero en ese momento no importaba porque yo estaba con el hombre que amaba. Yo sentía que ese era el momento de mi vida. Yo sentía que solo éramos él y yo, y que nada más importaba porque yo estaba con el hombre que me trataba como si nada más importara. Este era el muchacho de mis sueños y sentía que era todo lo que yo necesitaba.

Es triste porque ¿sabes cuántas jovencitas creen esa mentira de "Yo te amo"? Yo siento que si un muchacho realmente te ama, él esperaría hasta la noche de bodas. Si él no puede hacer eso, entonces no es valioso para ti. Tú eres muy valiosa. Tú vales todo lo que Dios dice que tú vales. El mejor regalo que le puedes hacer a tu futuro esposo es tu virginidad. Es importante que te mantengas pura para esa persona que Dios tiene para ti. Yo no solo estoy hablando a las jovencitas, sino también a los jovencitos. Mantente puro para esa persona especial. Eso te dará honra y también honrarás a Dios. Nunca permitas que nadie te presione a hacer algo que te ofendería u ofendería a Dios.

De vuelta a mi historia, yo estaba en el edificio sentada sobre un colchón, escuchando todo lo que él me decía y creyéndole. Antes de que lo supiera, estábamos haciendo el amor. Después él me caminó a la casa y yo me sentí avergonzada, pero al mismo tiempo sentí amor de su parte. Yo reviví cada palabra que él me dijo. Caí en su trampa, pero me dije: "Ahora sé que lo tengo". Al día siguiente me pregunté: "¿Qué va a pasar cuando lo vea?"

ABANDONO, TRAICIÓN Y REBELDÍA

Para mi sorpresa, pasaron dos semanas y no lo vi. Muchos pensamientos pasaron por mi mente. Yo lo fui a buscar y cuando lo encontré, le pregunté: "¿Cómo es que no me has venido a ver?". Su respuesta fue: "Yo no quiero nada contigo". Todo lo que pude hacer fue mirarlo. No podía creer lo que acababa de decirme. Todo lo que le pude decir fue: "¿Qué estás diciendo?". Él me dijo: "¿Qué, lo tengo que decir otra vez? No quiero nada contigo". Todo lo que yo podía pensar era: "Esto no me está pasando". Comencé a llorar y a preguntarle: "¿Qué hice mal?". Él contestó: "Nada, sólo que no me importas". En ese momento, mi corazón se sintió como si lo hubieran roto en pequeños pedazos. Yo me sentí horrible, como si el mundo se hubiera caído sobre mi pecho. Sentí tanto dolor, como que había sido traicionada por la persona que realmente me importaba. Mientras él se alejaba, yo quería correr hacia él, abrazarlo y pedirle que por favor me diera otra oportunidad, pero no me podía ni mover. Yo estaba tan dolida; me sentí como una perdedora. Durante meses, todo lo que podía hacer era llorar. Ni siquiera comía y me deprimí. No quería hablar con nadie y no quería que nadie me hablara. La próxima vez que lo vi, él estaba con una amiga mía. Ellos estaban agarrados de mano y besándose; yo no podía creer lo que estaba viendo. Yo sentí tanto dolor y dentro de mí decía: "¿Cómo pueden estar haciéndome esto a mí? ¿Cómo pueden traicionarme así?". Verlos fue lo peor para mí. Me decía: "Yo no volveré a confiar en un muchacho otra vez. Yo no volveré a creer lo que me digan".

Un año después, conocí a otro muchacho que hizo lo mismo. Me traicionó y me mintió. Para mí, todos los muchachos eran iguales. Aprendí que todos ellos querían lo mismo de mí y una vez conseguían sexo, ni siquiera me volvían a mirar. Mi corazón empezó a endurecerse hacia los hombres. Me dije a mí misma: "Nunca más le permitiré a un hombre hacerme daño o jugar con mis emociones". No me importaba nada: ni la escuela, ni mis padres, nada. Ya no me importaba nada de la vida ni lo que me podía pasar. Empecé a rodearme de la muchachada incorrecta, a fumar marihuana y a beber vino barato que podía costar cincuenta centavos. No me importaba lo que mis padres pensaran o lo que cualquiera pensara. El sistema escolar me expulsó porque no asistía a la escuela. Mis padres estaban enojados conmigo y trataron de hablarme de lo que me pasaba. Yo les dije que no se metieran en mi vida. A mí no me importaba cómo ellos se sentían; no me importaba si los estaba hiriendo.

Este comportamiento continuó durante años, y un día fui donde mis padres y les dije que yo quería ir a *Job Corps*. Este era un programa del gobierno para muchachos que no estaban yendo a la escuela y no estaban haciendo nada con sus vidas. Era una escuela donde se podía aprender una vocación. Mis padres contestaron que si era para que yo tuviera un buen futuro, estaba bien. Me anoté y en unos meses me llamaron de *Job Corps*. Fui a una orientación y me preguntaron si esto era lo que yo quería. Yo dije que sí. Fue entonces que me dijeron que me iban a enviar a Omaha, Nebraska. Yo ni siquiera sabía dónde quedaba eso. Todo lo que yo conocía era la ciudad de Nueva York. Yo nunca había salido de la ciudad y la única vez que lo hice fue cuando papá nos llevaba de paseo, y no era muy lejos. No sabía para dónde iba, pero dije: "Está bien, yo voy".

Capítulo 4

CAMINO A
LA PERDICIÓN

Unos meses después, yo estaba de camino a Omaha. Llegué a un edificio grande donde había como unas quinientas muchachas. Al momento de acomodarme, llegó mi compañera de cuarto. Ella me dijo que su nombre era Lillie y yo le dije mi nombre. Había de dos a cuatro muchachas por habitación, pero Lillie y yo éramos las únicas en la nuestra. Nos hicimos buenas amigas y salíamos juntas. Lillie era puertorriqueña como yo. Dos días después empezamos las clases. Yo sabía lo que quería estudiar: cosmetología. Yo estaba disfrutando mis clases y lo que estaba haciendo por mí. Pensaba que iba a ser alguien cuando saliera de allí, iba a trabajar duro y a ahorrar dinero para abrir mi propio salón de belleza. Este era un sueño listo para salir a flote y yo lo iba a realizar.

Lo que era insoportable en Omaha era el racismo. Yo salía a la calle y me gritaban: "Oye, negra, regrésate a África". Sin embargo, los fines de semana salíamos a divertirnos a fiestas, como de rutina. Hasta ese momento, mi vida iba bien, especialmente porque no había ningún muchacho que me causara dolor. Yo estaba feliz y disfrutando de la forma en que las cosas pasaban en mi vida. Una vez estábamos Lillie y yo sentadas cuando una muchacha vino a hablarle a ella. Su nombre era Tracy y Lillie me la presentó. Cada vez que Lillie y yo nos sentábamos en cualquier parte del edificio, Tracy se aparecía y nos hablaba. Cuando menos me lo esperaba, se aparecía en nuestra habitación. Algunas veces Lillie estaba y otras no. Tracy hablaba por horas, pero era muy dulce. Se vestía como un hombre y tenía el pelo muy corto. No era puertorriqueña, era negra y era muy buena amiga.

LESBIANISMO

Una noche, Lillie y yo estábamos hablando y me dijo que Tracy era lesbiana. Yo le dije: "No importa; ella me parece bien". Tracy y yo empezamos a salir juntas y ella me trataba muy bien. Un día me dijo que yo le gustaba, pero no como amiga, sino como algo más que una amiga. Yo no podía creer lo que estaba escuchando porque nunca había estado expuesta a este tipo de cosas. No sabía qué decir o cómo reaccionar cuando ella me dijo eso. Fue chocante para mí. Yo decidí que no iba a seguir saliendo con ella, pero ella fue persistente. Llamaba a mi cuarto, me compraba cosas; ella no paraba. Yo finalmente hablé con ella y le dije que ser lesbiana no era lo mío y que yo no me quería envolver en eso. Ella me dijo: "Te comprendo".

De vez en cuando salíamos, pero no era como antes. Ella trataba de enamorarme y algo empezó a pasarme. Si no nos veíamos la extrañaba y mis sentimientos hacia ella cambiaron. Yo sentía que quería estar con ella todo el tiempo. De repente, quería estar cerca de ella. Nuestra amistad creció más fuerte aún. Esta mujer me trataba tan bien, mejor que cualquier hombre o mujer. Un sábado cuando estábamos comiendo, ella me dijo que me quería mucho y que sus sentimientos hacia mí eran en serio. Ella sentía que nuestra relación podía florecer y que podíamos ser pareja. Yo sabía lo que pasaría si mis padres sabían sobre Tracy y tenía miedo de entrar en esa relación. Cuando empezamos a envolvernos en la relación, nos comenzó a ir mal en la escuela. Para mí la escuela ya no era una prioridad. Todo lo que me importaba ahora era estar con Tracy.

AMBIENTE DE VIOLENCIA

Un sábado salimos con unas amistades y unos muchachos iban a recoger a nuestras amigas, así que los esperamos. Cuando nos buscaron, éramos tres muchachos, dos muchachas, Tracy y yo. Todos tratamos de caber en un carro, así que yo me senté en las piernas de uno de los muchachos. Tracy se puso celosa, tiró algo y me golpeó en mi ojo izquierdo. Yo empecé a sangrar. Estaba tan enojada que me salí del carro y comenzamos a pelear. Ella me dijo que estaba apenada y que nunca iba a volver a hacer eso. Yo creí que necesitaba puntos, pero no fui al hospital.

Continuamos con nuestros amigos y fuimos a un club. Allí solo había morenos. Estábamos bailando y pasando un buen rato. Todos habíamos bebido bastante. Cuando íbamos saliendo para volver a nuestro edificio, el muchacho que iba manejando dijo: "Voy a parar a echar gasolina". De repente, los muchachos empezaron a pelear con otros muchachos que estaban en la estación de gasolina. Nosotros les pedíamos a nuestros amigos que se metieran en el carro y finalmente lo hicieron. Los otros tipos comenzaron a seguirnos y a tocarnos bocina. Ellos iban justo a nuestro lado y diciendo malas palabras. Me pregunté: "¿Qué está pasando?". De repente, vi a uno de los muchachos ir al baúl del carro y buscar un martillo. Él golpeó al otro muchacho con el martillo y todo lo que recuerdo es ver la cabeza del muchacho abierta y la sangre saliendo de ella. Todo era una locura. Yo sabía que este muchacho estaba muerto y yo tenía tanto miedo.

Oímos la sirena de los policías y empezamos a correr. Tracy y yo corrimos hasta que encontramos un lugar dónde escondernos; era horrible. Yo le dije a Tracy: "¡Ese muchacho está muerto, yo sé que está muerto!". Tomamos un taxi y volvimos a nuestro edificio. Yo no pude dormir esa noche. Cada vez que cerraba los ojos, solo podía ver al muchacho en el suelo con su cabeza abierta y sangre por todos lados. Le dije a Tracy que deberíamos escuchar las noticias a ver si mencionaban algo sobre ese muchacho. Ese día entero esperamos a escuchar las noticias, hasta que lo mencionaron. Sí, el muchacho estaba muerto. Yo le dije a Tracy: "Deberíamos ir a la policía". Ella me dijo: "¡No! Nosotras no hicimos nada". Nosotras nunca fuimos a la policía, pero la imagen de ese muchacho no dejó mi mente por un largo tiempo.

NADA ME IMPORTABA

A mí ya no me importaban mis clases, así que no volví. Todo lo que hacíamos era fiestar. La jefa de consejería me llamó y dijo que me tenía que ir. Ellos también expulsaron a Tracy, así que ella y yo regresamos a Nueva York.

Tracy era de allí también; ella era de Brooklyn y yo de Manhattan. Nos llamábamos por teléfono todas las noches. Estuve un mes sin verla y la extrañaba mucho. Un día por teléfono, le dije que ella debía venir a conocer a mis padres. La única razón por lo que pregunté fue porque ella se veía como un hombre y mis padres no sabrían que era una mujer. Yo les dije a mis padres que un amigo iba a venir y que quería que ellos lo conocieran. No les mencioné que el amigo era una mujer. El próximo fin de semana, el sábado, Tracy vino con dos amigas más. Ellas también eran mujeres, pero no lo parecían. Nos quedamos en la sala y cuando se fueron, yo me dije: "*Ok*, mi papá no es estúpido, yo sabía que él notaría que eran mujeres y yo voy a oír de él". Todo lo que mi papá dijo fue: "Esos muchachos son chéveres". Yo no lo podía creer. Él no lo notó, pero como dije antes, ellas no parecían muchachas.

Tracy me visitaba mucho y un día mis padres se percataron de que era una mujer. Yo pienso que alguien en el vecindario dijo algo. Tracy vino a visitarme y mi papá la confrontó, exigiéndole que le dijera la verdad. Tracy dijo que sí, que ella era una mujer y que era lesbiana. Ella le dijo a mi papá que estaba orgullosa de eso y no se avergonzaba. También le dijo que me amaba mucho y quería estar conmigo. A papi no le cayó muy bien eso y empezó a gritarle y a maldecirla. Fue un espectáculo. Mis padres echaron a Tracy de la casa y le dijeron que no la querían ver ni conmigo ni en el vecindario, nunca más. Yo estaba llorando y muy molesta. Tracy decidió bajar por las escaleras porque mis papás solamente le gritaban. Ellos todavía le estaban diciendo muchas cosas, no muy placenteras y mi mamá quería pegarle. La empujó escaleras abajo y Tracy se cayó hacia abajo todo un piso. Ella se levantó y se fue. Todo lo que yo pensaba era que ella no iba querer hablar conmigo otra vez y que no la volvería a ver más. Mi papá y yo discutimos y yo le dije que no me importaba lo que él pensara porque esta mujer me importaba y él no se iba a meter entre nosotras. No había nada que él pudiera hacer.

Yo sé que ese día le rompí el corazón a mis padres. Vi mucho dolor en la mirada de mi papá. Yo sabía lo que era dolor porque lo había experimentado; había sido herida muchas veces. Pero yo estaba decidida a vivir mi vida de la manera que yo quería hacerlo y nadie iba a interferir con mi decisión. Yo era muy joven todavía; solo tenía 15 años. Tracy era mucho mayor; ella tenía 25 años de edad.

Mi papá no me dejaba salir de la casa porque yo todavía era menor de edad. Él odiaba a Tracy y no quería que yo tuviera que ver con ella, primero porque ella era mayor que yo, y segundo porque ella era negra y él era medio racista. Mi papá también era negro, pero él odiaba el pensamiento de que su nena viviera o estuviera con una negra. No creo que hubiera sido diferente si hubiera sido un hombre. Mi papá estaba destrozado simplemente porque la situación le era inexplicable. Él no podía entender qué había hecho mal o que había causado que yo le hiciera esto a él y a mi mamá. El daño y el dolor que yo le había hecho a mis padres era inmenso, pero yo no lo podía ver así. Ellos estaban sufriendo y estaban heridos por mi culpa.

Tracy y yo nos veíamos y mis padres no sabían nada. Yo me escapaba para verla. Un día ella me llamó y dijo que iba a pasar a verme. Cuando Tracy llegó a mi casa, pegó un grito hacia mi ventana y yo me asomé para ver si era ella. Nosotras ya habíamos planeado por teléfono cómo nos íbamos a ver. Yo fui a la cocina y le dije a mi mamá que iba a botar la basura, mientras mi papá miraba en la sala el juego de pelota porque era domingo. Cuando él vio que yo estaba sacando la basura, no dijo nada, pero me imagino que pensó: "Un momento, esta muchacha nunca saca la basura". Yo tiré la basura y me fui a encontrar con Tracy en las escaleras. Yo estaba tan emocionada de verla, que nos besamos y nos abrazamos. Nosotras nos quedamos hablando por un buen rato y de repente, la puerta se abrió de par en par. Era mi papá y estaba bravo. Empezó a maldecirla y a tratar de golpearla, pero mientras todo esto pasaba, yo estaba en el medio recibiendo todos los golpes. Yo me salí del medio y mi papá agarró a Tracy y la empujó por las escaleras. Todo lo que yo pensé era que la había matado, pero ella se levantó y yo grité: "¡Vete, Tracy, corre!". Ese día tomé la decisión de mudarme con Tracy. Confronté a mi papá y le dije lo que había decidido.

Me fui mientras mi papá estaba en su trabajo. Mi mamá y yo tuvimos una pelea donde yo le dije que yo amaba a esa mujer, que eso era lo que yo quería y lo iba a hacer. Ni mi mamá ni mi papá ni nadie más me iban a parar o a hacerme cambiar mi parecer. Cuando iba saliendo, todo lo que escuché fue a mi mamá llorando incontrolablemente, pero eso a mí no me movió ni me paró de hacer lo que hice. A mí no me importaba lo que nadie tuviera que decir al respecto, ni siquiera mis padres.

La muerte de mi papá

Varios días pasaron y mi papá decidió ir a buscarme. Él no se iba a dar por vencido tan fácilmente. Mi papá iba a traer a su nena a casa. No importaba cómo lo iba a hacer, pero él iba hacer lo que fuera para lograrlo. Yo no sé lo que mi papá hubiera hecho si nos hubiera encontrado, pero él hubiera hecho algo drástico para poder traer a su hija de nuevo a casa. Los padres son capaces de hacer cualquier cosa cuando se trata de rescatar a sus hijos de una vida de destrucción. Después mi mamá me dijo que mi papá se había comprado una pistola. Yo creo que mi papá hubiera usado la pistola en Tracy o tal vez en las dos. Pero cuando decidió salir a encontrarme, sufrió un ataque al corazón en el estacionamiento. Esa noche, mi hermana Letty vino a decirme que mi papá estaba en el hospital y que no estaba muy bien. Yo recuerdo haberle dicho a Tracy: "Yo espero que se muera, así no va a hacerme la vida imposible".

Mi papá murió. Yo no lo fui a ver al hospital, ni fui al funeral. No me importaba nada. Yo no tenía emociones; ni siquiera lloré. Mi corazón estaba endurecido. También pasaron años antes de que volviera a ver a mi madre. Ella no estaba muy contenta conmigo ni de ver las condiciones en que yo estaba. Yo solo puedo imaginarme las cosas que pasaron por su mente. Me imagino que se preguntaba: "¿Fui yo un fracaso?" o "¿Por qué?" o "¿Qué hice mal?".

Esas son preguntas que ahora como madre me he hecho. Ser madre no es divertido porque ahora conozco el trabajo duro de ser la madre que Dios espera de ti. No fue fácil para mí. La Biblia dice que cosechas lo que siembras. Mis hijos no fueron adictos, pero hubo tiempos en sus vidas cuando no le servían a Dios, así que el mismo infierno que yo les hice pasar a mis padres, lo viví con mis hijos en esos momentos. Viene un tiempo en el cual nuestros hijos alcanzan una edad cuando ellos van a tomar sus propias decisiones y mis hijos lo hicieron. No fueron muy buenas decisiones. La Biblia también dice que nuestros hijos le pertenecen a Dios, así que eso fue lo que yo hice: los puse en las manos de Dios y Dios tuvo cuidado de ellos. Sí, eventualmente, ellos volvieron a los caminos del Señor.

Capítulo 5

ESCLAVA DE
LA HEROÍNA

CUANDO ME FUI de la casa, les dije a mis padres que no me buscaran; que esto era lo que yo quería hacer. Yo sabía que ellos sufrían porque mi hermana estaba haciendo lo que le daba la gana y no le iba muy bien que digamos. Ella se estaba hundiendo más en las drogas. Yo también estaba haciendo lo mío.

Tracy vivía con sus padres. Ella era la mayor de dos hermanas y tres hermanos. Su mamá y su papá iban a la iglesia los miércoles y los domingos. Ellos sabían que su hija era lesbiana y Tracy era bastante comunicativa con sus padres. Su papá no decía mucho; era muy callado. Su mamá era bien comunicativa, pero un poco extraña conmigo. Ella siempre sonreía y me saludaba cuando yo iba por su casa a ver a Tracy. Las veces que fui, ella estaba cantando alabanzas cristianas o diciendo cosas como: "Gracias, Jesús" o "Jesús, tú eres bueno conmigo". La mamá de Tracy me decía que Dios me amaba y que él tenía un plan para mi vida. En ocasiones me imponía mano y empezaba a hablar en lenguas. También me decía que estaba orando por mí. Yo le decía a Tracy: "Tu mamá está bien loca". Otras veces, no me gustaba ir para allá porque ella decía cosas sobre Dios que yo también consideraba "locas". Me fui a vivir con Tracy allá, pero conseguimos un apartamento para mudarnos juntas, así que la última vez que vi a su mamá fue cuando estaba ayudando a Tracy a mudar sus cosas. Ella me dijo: "Ada, yo nunca pararé de orar por ti".

Tracy y yo comenzamos a vivir juntas y yo me sentía tan bien porque estaba con la persona que amaba. Nadie me iba a decir cómo iba a seguir mi vida. Yo estaba realmente feliz. Nosotras salíamos todos los fines de semana a lugares de homosexuales. Yo estaba pasándola bien y mis papás no podían decir nada porque no sabían dónde estaba. Estaba viviendo mi vida, y me sentía como una adulta sin serlo. Todos mis amigos homosexuales estaban entre los veinte y cuarentitantos años. Yo era la más joven; tenía 15 años.

HEROÍNA POR PRIMERA VEZ

Después de haber estado con mi pareja durante dos o tres años, un día ella vino a casa y me miró medio raro. Yo le pregunté qué le pasaba y me dijo que estaba usando heroína. Rápidamente yo pensé en mi hermana. Me sentí muy mal y también traicionada porque pensé: "Bueno, aquí vamos de nuevo". Una vez más me sentí herida y molesta, y no podía creer lo que ella me estaba diciendo. Finalmente le dije que yo quería tratar la heroína. Nosotras tuvimos una pelea grande sobre eso, pero el próximo fin de semana ella iba a comprar heroína y me preguntó: "¿Estás segura de que tú quieres hacer esto?". Yo le dije: "Sí".

Ese fin de semana fuimos juntas a este vecindario bien feo y cuando iba caminando, veía muchachos y muchachas cabeceando y completamente relajados. Nosotras fuimos a un edificio, subimos tres escaleras y tocamos a la puerta donde un moreno abrió. Él nos dejó entrar y Tracy le dio $10 para dos bolsitas pequeñas de polvo blanco. Regresamos a nuestro apartamento y ella abrió una de las bolsas de polvo. Colocó el polvo en una tapa, echó un poco de agua y empezó a cocinarla. Cuando se tornó en una sustancia líquida, ella colocó el líquido en una jeringa y me preguntó: "¿Estás lista?". Yo dije: "Yo no puedo estar más lista de lo que ya estaba". Ella tomó mi brazo e inyectó la heroína. Entonces tomó una correa, la amarró a su brazo y procedió a inyectarse ella misma, pero por las venas. Ella inmediatamente empezó a irse en un sueño profundo, pero nada me pasaba a mí. Yo le pregunté: "¿Cómo es que yo no estoy sintiendo lo mismo que tú?". Ella dijo que la intrusión por la piel iba a tomar un poco más de tiempo, pero que si me la hubiera inyectado directo a las venas, el efecto se hubiera sentido mucho más rápido. Después de quince minutos empecé a sentirme bien, pero después de dos o tres horas se empezó a pasar el efecto. Yo me sentí muy bien y me gustó mucho el efecto de la heroína. Era como sentir que no tenía ningún problema en el mundo. Yo quería hacerlo todos los días, pero costaba dinero, no era gratis.

En ese tiempo yo estaba viviendo en Brooklyn con Tracy. Cuando nosotras visitábamos a sus papás, nunca fallaba que la mamá de Tracy me decía: "Dios te ama" y "Dios tiene cosas buenas guardadas para tu vida". Le dije a Tracy que era la última vez que iba donde sus padres porque yo no quería oír de Jesús nunca más. Yo estaba asqueada de oír lo mismo. Tracy y yo tuvimos una pelea muy grande y yo le dije que iba a Manhattan a ver a mi hermana.

Salí de la casa y tomé el tren que me llevaba a Manhattan. Mi hermana y yo anduvimos juntas, yo le dije que había tratado la heroína y ella me miró y me dijo: "Ada, no lo hagas otra vez". Yo le dije que me gustaba mucho la nota que me daba. Yo recuerdo que ella me dijo: "Ada, vas a hacer cosas que nunca te imaginaste que ibas a hacer. Vas a caer en lo más bajo, robarás cosas que no te pertenecen y venderás tu cuerpo a cualquier precio solo para drogarte". Yo la miré y le dije: "Hermana, yo no voy a llegar a ese punto. Yo soy más inteligente que eso". Lo más increíble es que yo vi la condición de mi hermana y decía, en un punto de mi vida: "Yo nunca llegaré a ese punto, yo nunca seré como ella". Pero hay un dicho: "Nunca digas de esta agua no beberé".

Traición y adicción

Volví a la casa y empecé a hacer lo mío. Me sentía feliz con Tracy. Nos amábamos la una a la otra y yo sabía que ella nunca me heriría. Yo conocí muchos muchachos y muchachas e hice muchos amigos. Había una muchacha que se hizo muy amiga de nosotras. Claro, ella estaba tratando de enamorar Tracy y yo noté que Tracy también estaba interesada en ella. Me puse bien celosa y empecé a acusar a Tracy de tener una relación con esa muchacha. Siempre teníamos peleas por eso. Tracy me dijo que no era nada y que no tenía que preocuparme por nada de eso. Yo le dije que si eso era verdad, cuando fuéramos a los clubes o a la casa de una de nuestras amistades, no le hablara a ella para nada. Ella me dijo que estaba bien y que lo haría así.

Un par de meses pasaron y fuimos a un club en Brooklyn.

Yo estaba bailando con una amiga de nosotras y de repente vi a Tracy hablando con la muchacha con quien le dije que no hablara. Le dije a mi amiga Lala que me iba. Ella me preguntó qué era lo que estaba pasando y yo le dije que estaba enojada con Tracy y que no la quería mirar a la cara. Salí sola del club y me fui a casa. Esa noche Tracy no vino. Yo estaba tan enojada que golpeé una ventana con el puño y la rompí. Tuve que ir a una sala de emergencia porque no paraba de sangrar y me cosieron como unos cinco puntos.

Temprano en la mañana, Tracy vino a la casa y no hablamos una sola palabra. Después de unas horas, le pregunté: "¿Cómo es que tú no viniste a la casa?". Ella me dijo: "Yo estaba borracha y me quedé en la casa de Lala". Yo le dije que era una mentirosa y que yo sabía que ella había estado con la otra muchacha. Ella dijo: "No, yo no estuve con ella". Me dijo que si yo quería, que llamara a Lala y averiguara si era verdad que se había quedado allí. Así lo hice y Lala me dijo que sí, que Tracy se había quedado con ella porque no estaba en condiciones de irse a casa por ella misma. Claro, más tarde me enteré de que la otra muchacha y Tracy sí habían estado juntas. Cuando lo supe, le dije que no quería saber nada de ella. Ya yo había sido herida suficientes veces y no me podía ver pasando por ese infierno de nuevo. No lo podía tolerar una vez más. Yo le dije que lo mejor era que cada cual siguiera su camino. Ella empezó a llorar y me rogó que no la dejara. Cuando ella hablaba, yo no podía creer cuán familiares me parecían esas palabras porque ya las había escuchado de muchos hombres. Ella me pidió perdón y prometió que nunca lo volvería a hacer. Dijo que nunca más me iba a herir y que realmente me amaba. Cuando la miré a los ojos pude ver que me decía la verdad y escuché sinceridad en su voz. Le dije: "*Ok*, una última oportunidad". Le dije que si volvía a pasar, definitivamente se acabaría la relación y no habría otra oportunidad para ella.

Nos reconciliamos y le dije: "Vamos a celebrar. Compremos heroína y droguémonos". Ella dijo, "chévere" y fue a comprar la droga a donde siempre íbamos, del proveedor en el barrio feo en Brooklyn. En ese tiempo vivíamos en *Bedford-Stuyvesant* y no íbamos muy lejos a comprar la heroína. Nos compramos una bolsita y volvimos a casa. Ella la cocinó y me dio la mitad. Yo me drogué por la piel y ella por las venas. Yo esperé un poco para sentirla y ella la sintió inmediatamente. Yo le dije que la próxima vez que nos drogáramos yo la quería por las venas. Ella dijo: "Ada, tú no sabes lo que estás hablando". Yo le dije: "Sí, yo sé". Yo quería sentir el efecto rápido como ella.

Una semana más tarde, fuimos a comprar heroína y Tracy me dijo: "¿Estás lista para esto?". Yo le dije: "Yo no puedo estar más lista". Ella ató mi brazo y empezó a buscar una vena. Finalmente encontró una vena e inyectó la droga, pero se devolvía a la jeringuilla. Ella lo hizo como dos o tres veces y yo empecé a sentirme bien. Por un minuto me sentí en las nubes y súper bien. Al principio estaba asustada porque había escuchado que te podías dar una sobredosis y que algunas personas habían muerto. Cuando la heroína entró en mi vena, todo temor desapareció. En ese punto yo no sentía nada más que una línea directa. Este efecto fue mucho más rápido y fuerte que el de drogarse por la piel.

Yo no quería saber nada de píldoras o marihuana. Yo encontré en la heroína lo que estaba buscando. Ahora yo sí estaba feliz porque la persona que yo amaba estaba a mi lado y después de ella, lo mejor era la heroína. ¿Qué más podía pedir? *Yo pensaba que había* logrado todo lo que quería, pero no sabía la que me esperaba en este camino que había decidido tomar. Iba a ser un camino muy doloroso y duro. Algunas veces iba a Manhattan a ver a mi hermana Letty y nos drogábamos juntas. Cada vez que iba, veía a Julio.

OJO POR OJO

Julio fue mi primer amor y el hombre al que le entregué mi virginidad. Cada vez que lo veía, mi corazón se aceleraba y yo sabía que muy dentro de mí, todavía sentía algo por él. Nosotros nos saludábamos, pero nada más. Él seguía viviendo con una que fue amiga mía. Cuando yo los veía juntos, ella me paraba y me hablaba, pero Julio no me decía una sola palabra. Yo recuerdo que sentía dolor y odio hacia él, y bien adentro me preguntaba: "¿Por qué no pudo ser él y yo? ¿Cómo así? ¿Qué vio él en ella que no vio en mí?". De vez en cuando yo iba a Manhattan y cuando iba, lo veía. Uno de esos días que fui, lo vi con mi hermana y me dije: "Este es mi *chance*, voy a hacer que se enamore de mí". Empecé a coquetear con él y yo sabía que a él le gustaba eso.

Un día Tracy me preguntó por qué yo iba a Manhattan tan a menudo y si estaba viendo a alguien. Yo le dije que no. Yo sentía que si ella pasó la noche con esa muchacha, yo también podía jugar el mismo juego. Yo sabía que si no me cuidaba, algo iba a pasar entre Julio y yo. Para ese tiempo, ya él se había convertido en papá, pero no me importaba. Julio y Cathy (la que había sido mi mejor amiga) tenían un bebé y ya llevaban dos años juntos. Si algo pasaba, a mí no me importaba quién iba a salir herido: Cathy, Julio o ese bebé. Cuando tú estás ahí afuera en el mundo, no te importa a quién destruyes o hieres. Piensas solamente en ti.

Hay un dicho en la calle: "Es un mundo donde perro come perro". Julio y yo comenzamos a tener una relación a escondidas. Un día me encontré diciéndome: "Tú sabes, Ada, él está jugando contigo. Él nunca va a dejar a Cathy ni a su hijo". Yo le dije que no quería seguir en esta relación que teníamos y él me dijo que yo le importaba y que si yo le pedía que dejara a Cathy y a su hijo, él lo haría. Yo dije: "¡No! No tienes que llegar a eso". Por casi tres meses no volví a Manhattan y cuando volvía, él me perseguía. Un día me pregunté: "¿Cómo me quito este tipo de encima?". Aunque yo sentía algo por él, no quería ser herida de nuevo. Mi hermana me vio y me dijo: "Vamos a drogarnos". Yo asentí e invité a Julio. Nosotros estábamos llegando a un edificio para drogarnos; yo no le había dicho lo que íbamos a hacer. Cuando mi hermana empezó a cocinar la droga, yo me até mi brazo y él me preguntó qué estaba haciendo. Yo no le contesté. Mientras yo me sentía drogada, lo único que él hacía era mirarme. No dijo una sola palabra. Cuando nosotras terminamos y bajamos las escaleras, él se fue por su camino y nosotras por el nuestro. Esa fue la última vez que vi a Julio. Yo pensé en mis adentros: "Espero haberlo herido lo suficiente como él me hirió a mí". De una manera, me sentía satisfecha, pero de otra me sentía triste porque él realmente me importaba. Yo tenía un dicho: "Tú me haces mal, yo te hago mal". Ojo por ojo era la regla de la calle.

LA HEROÍNA ERA TODO PARA MÍ

Yo me encontré drogándome casi todos los fines de semana y Tracy se estaba poniendo peor; ya ella tenía un hábito bien malo. Ella perdió un buen trabajo en la oficina del correo, así que vivíamos de la ayuda pública porque no podíamos pagar la renta ni comprar comida. Cada centavo iba para las drogas. Nosotras hasta empezamos a vender cosas que no nos pertenecían. En el pasado yo había dicho que nunca iba a vender mi cuerpo por dinero, pero ya no nos importaba lo que tuviéramos que hacer para obtener el dinero. En ese punto, yo también tenía una terrible adicción. Los fines de semanas eran como cualquier otro día y otro día era todos los días. Mi vida estaba comenzando a ser lo que yo dije que nunca iba a ser. Yo no sabía lo que era la vida de una drogadicta. Todo lo que yo sabía era lo que había visto en películas y en mi barrio, pero un rudo despertar estaba a punto de ser real en mi vida. La heroína era todo para mí y pasó a ser mi prioridad antes que cualquier otra cosa. Convertirme en lo que me convertí no era mi sueño. Lo que yo dije que nunca haría, eso hice. La vida tiene su forma de traicionarte. Tú tomas decisiones y de acuerdo a tus decisiones, tú tendrás que vivir con lo que decidiste.

Capítulo 6

PUERTO RICO:
UNA ESPERANZA DE CAMBIO

U N DÍA LLAMÉ a mi mamá a Puerto Rico y le dije: "Mami, estoy cansada de la vida que estoy viviendo y quiero cambiar y comenzar de nuevo". Todo lo que mi mamá y yo hablamos ese día en el teléfono era verdad. Yo realmente quería cambiar mi vida porque estaba cansada de la vida que estaba llevando. Yo quería algo diferente; solamente que no sabía cómo hacerlo o cómo encontrar esa nueva vida que yo quería. Mi mamá dijo: "¿Por qué no te vienes acá y comienzas tu vida de nuevo? Aquí nadie te conoce y nadie sabe nada de ti". Cuando colgué el teléfono, lo pensé y me dije: "Eso suena bien. Yo iré a Puerto Rico y trataré de empezar mi vida de nuevo".

Mientras tanto, yo me preguntaba cómo iba a salirme del lado de Tracy y cuál mentira le iba a inventar. Una semana pasó y le dije que mi mamá estaba muy enferma y que yo necesitaba ir a verla. Le dije que yo no iba a hacer lo mismo que hice con mi papá, que lo dejé ir sin decirle adiós. Ella lo entendió y me preguntó por cuánto tiempo me iría. Yo le dije que no sabía, que tal vez por más o menos una semana. Ahora yo tenía que conseguir el dinero.

Esa era la parte más dura. El tiempo pasó y yo empecé a desesperarme porque quería salir para Puerto Rico.

Yo estaba determinada a creer que en Puerto Rico iba a empezar una nueva vida y que nadie me iba a parar de hacerlo. Yo tenía un amigo llamado Frankie; él era italiano. Nosotras siempre íbamos a donde él a venderle las cosas que nos robábamos. Nunca le vendíamos porquerías. Todo lo que nos robábamos eran cosas buenas como televisores, aparatos de música, joyas, todo lo que era de valor monetario. Una mañana nos robamos muchas cosas caras y sabíamos que si se las llevábamos a Frankie, él nos daría un buen precio por ellas. Tracy y yo decidimos ir a ver si Frankie nos podía ayudar. Yo le dije que necesitábamos dinero para ir a Puerto Rico a ver a mi mamá porque ella estaba muy enferma. Él me miró y me dijo: "Sabes que deberías quedarte en Puerto Rico y buscar una mejor vida". Él sabía poco sobre lo que yo iba a hacer. Yo no le dije nada porque Tracy estaba allí mismo, pero realmente esos eran mis planes. Ese día él me dio como $300 y yo compré los pasajes para mi hermana y para mí. Yo le había dicho a Letty que nos íbamos a Puerto Rico y que yo iba a empezar una vida diferente. Ella estuvo de acuerdo en irse conmigo.

Tracy no tenía idea de lo que iba a pasar ni que sería la última vez que nos veríamos. Ella no sabía que yo no pensaba volver. Yo estaba completamente cansada de vivir con esa mujer. Estaba cansada de drogarme y estaba harta de la vida. Al día siguiente, mi hermana Letty y yo íbamos de camino a Puerto Rico. Durante esos días no tenían mucha seguridad en el aeropuerto, así que llevamos varias bolsas de heroína para poder drogarnos al llegar, ya que nuestro hábito estaba bien malo. Necesitábamos tener alguna droga disponible hasta encontrar una persona que la vendiera y eso podía tomarnos unas horas.

Estuvimos en Puerto Rico de cuatro a cinco días antes de encontrar quien tuviera buena heroína. La heroína que llevamos se nos había acabado y necesitábamos hacer algo rápido antes de empezar a sentirnos mal por la necesidad de la droga en nuestros cuerpos. Le robamos a un señor mayor todo su dinero para poder comprar más droga, y fuimos a donde nos dijeron para conseguir buena heroína.

SALVADA DE LA MUERTE

La droga que conseguimos era realmente buena y fuerte. Era tan fuerte que mi hermana y yo nos dimos una sobredosis. Yo recuerdo haberme despertado en el hospital y ver a los doctores sobre mí chequeándome las pupilas. Yo no sabía qué estaba pasando, pero sí sabía que no era nada bueno. Finalmente, el doctor me preguntó si yo sabía qué había pasado, pero yo no tenía la fuerza para contestar. Entonces él dijo: "Te diste una sobredosis". Todo lo que yo podía pensar era qué había pasado con mi hermana Letty. Claro, yo pensé que se había muerto. El doctor dijo que las dos nos habíamos dado una sobredosis, pero ella estaba bien. Yo me quedé pensando: "¿Por qué no me morí? ¿Por qué todavía estoy viva? ¿Por qué no me morí de esa sobredosis?".

Escuché una declaración, que nunca olvidaré, que hizo una dama holandesa llamada Corrie ten Boom: "No hay fosa tan profunda que el amor de Dios no pueda alcanzar". Eso es poderoso porque Dios volvió a rescatarme de la muerte. Un día yo estaba tan enferma que tenía que encontrar heroína donde fuera. Vi a alguien que conocía; ella también era adicta y su nombre era La Lupe. Yo me le acerqué y le dije que estaba mal. Ella dijo que había terminado de comprar droga y que me iba a poner "en tono", queriendo decir que me iba a "elevar bien alto", y que cuando ella necesitara, yo le devolviera el favor. Yo dije: "Trato hecho".

Justo cuando nos íbamos a dar la nota caminando hacia el callejón, vi a Tito, un exnovio con quien me drogaba, y él me llamó. Fui hacia él y me preguntó: "¿Estás mal?". Yo le dije: "¿Tú lo puedes notar?". Él dijo: "¡Ada, te ves muy mal!". Entonces me dijo: "Ven, yo tengo aquí droga de la buena". Él estaba vendiendo esta heroína que era marrón, cuyo nombre en la calle era "chocofan". Yo no sabía lo que era, pero a este punto yo estaba dispuesta a tratar lo que fuera. Todo lo que quería era inyectarme y calmarme esa ansiedad de la droga. Le dije a La Lupe que gracias por invitarme a drogarme con ella, pero que Tito quería que me fuera con él. Yo fui con él y nos drogamos. Yo estaba disfrutando de mi estado cuando de repente escuchamos sirenas de carros de policía. Salimos a ver qué pasaba y vimos una ambulancia. Yo pregunté: "¿Qué está pasando?". Ellos dijeron que encontraron una persona muerta de una sobredosis, con la jeringuilla en su brazo. Yo le pregunté a un tipo quién era y me dijo que era La Lupe. Ella fue a comprar droga y le dieron una falsa, lo que quería decir que en vez de heroína le vendieron veneno de ratas. A ella le habían robado su dinero. Quienquiera que lo hizo sabía lo que estaba haciendo y lo más lógico es que fuera otro adicto. Le dije a Tito: "Si tú no me hubieras llamado a drogarme contigo, yo hubiera ido con La Lupe a drogarme y también hubiera muerto". En ese momento todo lo que yo pensaba era que alguien por allá arriba realmente me amaba. Fueron muchas las veces que me vi al borde de la muerte y nunca nada pasó. Yo dije: "Si hay un Dios, entonces a Él le importo". Muy poco sabía yo que esa declaración iba a ser tan real para mí.

DE MAL EN PEOR

Yo pesaba ya como setenta libras, me veía muy mal y necesitaba ayuda. Yo lo sabía, pero no estaba haciendo nada para buscarla. Solo seguí haciendo lo que sabía hacer y eso era consumir drogas, vender mi cuerpo por lo que fuera y hacer algunas otras cosas. Yo estaba tan asqueada de la vida y de mí misma. Odiaba mi vida, pensaba que iba a morir de una sobredosis, que alguien me iba a matar o que terminaría en la cárcel por un buen tiempo por hacer algo estúpido. Yo no esperaba que nada bueno saliera de mi vida. Esas eran las únicas opciones que tenía. Yo era nadie y lo sabía; es lo que siempre escuché a mi alrededor. "No eres nadie y nunca vas a cambiar. No hay esperanza para ti, serás siempre una adicta...". Escuchaba eso tan frecuentemente que empecé a creerlo, así que eso era lo que yo esperaba. Siendo nadie, todos los deseos que yo tenía de ser alguien se fueron al piso.

Un día mi hermana y yo tuvimos una brillante idea de vender drogas, así que tratamos de hablar con nuestra mamá para que nos ayudara con algún dinero para empezar el negocio. Ella cayó en eso porque nosotras le dijimos que íbamos a hacer mucho dinero, que seríamos ricas. Claro que eso no iba a pasar porque lo único que queríamos era el dinero para comprar la droga. Nosotras tomamos el dinero de Mami y ella nunca más lo volvió a ver. Cuando ella preguntaba por el dinero, nosotras le decíamos que unos tipos nos lo habían robado. Todo era una mentira. No me importaba a quién iba a herir para conseguir lo que yo necesitaba, aunque fuera de mi propia familia. Yo no me sentía mal por lo que le estaba haciendo a mi propia madre. No tenía remordimiento alguno. Todo lo que me importaba era yo y lo que tuviera que hacer para conseguir lo que quería. El que se metiera en lo que yo quería hacer saldría herido. No me importaba quién fuera. Mi pobre madre sufrió mucho. Para este tiempo mi otra hermana, Yolanda, estaba usando heroína. Nosotras pensábamos que ella era una niña buena. Ella era la que siempre estaba con mi mamá; cuidó de ella. Poco sabía yo que mi pequeña hermana había empezado a fumar marihuana a los 14 años. Para cuando tenía 17 años, ya estaba usando heroína. Entonces pasó a metadona durante diez años.

Ahora éramos tres de nosotros enredados en las drogas. ¿Puedes imaginarte cuánto sufrió mi mamá y cuántas lágrimas derramó? Ella pasó por el infierno con nosotros; lloró tanto que sus ojos ya no tenían más lágrimas para llorar. Yo no me podía imaginar el dolor y el sufrimiento que ella estaba atravesando. Yo recuerdo a mi mamá diciéndonos: "Un día ustedes van a tener hijos y sabrán cómo se sienten el dolor y el sufrimiento". Y yo siempre me decía que yo no iba a tener hijos, según el doctor me había dicho, así que no me preocupaba por eso. Yo pensaba que eso no podía pasar. En un intento de vender heroína en Nueva York, cinco hombres me habían dado una golpiza que por poco me muero. Me tuvieron que sacar un riñón, tuve muchas complicaciones después de la cirugía y había tratado de quedar embarazada, pero no podía, así que no me importaba.

Yo tenía una amiga, su nombre era Matilda, y de vez en cuando salíamos mi hermana Letty, ella y yo. Nos íbamos a los clubes a bailar salsa, que a mí me fascinaba. Conocíamos gente que también estaban en drogas. Matilda conoció un muchacho llamado Carlos, que le gustaba mucho, así que por tiempo la veíamos y por tiempo no. Yo conocí a este muchacho llamado Mike, sentía algo por él y empezamos a drogarnos juntos; él también era un adicto. Mike y yo duramos como dos años. Después que rompimos, yo escuché que él había muerto. De vez en cuando veíamos a Matilda y al nuevo hombre en su vida. Él era un muchacho chévere. Nosotras nos hicimos amigas de él. Entonces un día le preguntamos a Matilda sobre este muchacho y ella nos dijo que no sabía a dónde se había ido, pero él no andaba más por los alrededores. Nosotras no sabíamos si él estaba muerto o qué había pasado con él.

Muchos de los tan llamados amigos nuestros estaban o en la cárcel o muertos. Eso me daba miedo y me estaba cansando de lo que estaba haciendo. Un día le dije a Letty y a Matilda que encontraría alguna ayuda. Me iba a meter en un centro de rehabilitación porque no podía seguir haciendo esto más. En Puerto Rico había un programa de rehabilitación llamado *Hogar CREA*. Todo el mundo sabía de *CREA*, ya que era bien reconocido. Yo había escuchado que era un lugar difícil; no todo el mundo lo podía completar. La otra cosa que había escuchado era lo mal que te trataban. Yo no sabía si esto era lo que yo quería, pero sentía que lo tenía que hacer. Ese era el único programa que yo conocía, así que en ese programa iba a ingresar. Las tres fuimos juntas, entramos al centro de rehabilitación y ellos se sentaron con nosotras, nos dieron a leer las reglas y nos guiaron en todo lo referente al centro. Nos dijeron que si rompíamos una de las reglas, nos sentarían en una silla y nos dirían que no valíamos nada, que no éramos más que unas *tecatas* (adictas a las drogas) y que no llegaríamos a nada. Yo me paré y me puse tan brava que les dije que no necesitaba a nadie que me dijera lo que ya sabía que yo era. Sabía que era una *tecata* y no necesitaba que me lo recordaran. Yo les dije otras cosas, salí del lugar y me dije que si todos los programas eran así, no los necesitaba.

Lo que no sabía era que mi respuesta estaba al doblar la esquina. Mi vida estaba a punto de dar un giro de 180 grados. Había esperanza para mi vida y muy pronto iba a vivir una vida muy diferente. Nosotras nos fuimos de *CREA* maldiciendo y preguntándonos "¿quiénes se creen ellos que son?". Yo sabía que no iba a hacer nada en ese lugar. El hombre era un adicto recuperado, pero a mí no me gustaba la manera en que él nos hablaba. Si él era el director del lugar, ¿qué se podía esperar de los demás?

Capítulo 7

EL DIOS DE
LOS CAMBIOS IMPOSIBLES

NOSOTRAS ÍBAMOS CAMINANDO y pensando cómo íbamos a conseguir dinero para la heroína. Mi cuerpo se sentía mal, me dolía todo, necesitaba drogarme. Mi amiga Matilda dijo: "Hey, yo escuché que Carlos está en un centro de rehabilitación. Dice que es un lugar diferente". El nombre de este lugar era *Teen Challenge*. Yo dije: "Vamos a verlo". Fuimos a ese lugar y había dos muchachos afuera, frente al centro. Nos acercamos a ellos y preguntamos si podíamos ver a Carlos. Uno de ellos dijo que Carlos no estaba ahí en ese momento, pero que podíamos volver el domingo y visitarlo. Nosotras dijimos "ok" y nos fuimos. Le robamos a un viejo y nos fuimos a drogar.

Yo creo que era un viernes cuando le dije a Letty y a Matilda que yo iba a visitar a Carlos. Nosotras entramos allí y estaban tocando salsa cristiana; la música estaba buena y empezamos a bailar. Vimos algunos muchachos aplaudiendo; otros tenían sus manos levantadas con los ojos cerrados y diciendo "Gracias, Señor". Algunos estaban de rodillas llorando, no de tristeza, pero de agradecimiento y gozo. Miré a Matilda y a Letty, como diciendo: "¿Qué rayos está pasando en este lugar tan loco?". De repente dije dentro de mí: "¿Qué estoy haciendo aquí?". La música se puso más intensa, así que nosotras nos volteamos a ver qué estaba pasando. Yo vi a Carlos y estaba tan feliz. Tuvimos que quedarnos y esperar hasta que todo terminara para poder hablar con él y saber qué rayos estaba pasando en su vida. Yo miraba a todas estas personas y pensé que celebraban un culto, pero no tenía ni la más ligera idea de lo que estaba pasando allí. Nunca había visto gente tan contenta. Lo más gracioso era que no tenía miedo de lo que estaba ocurriendo. Yo sentía algo, pero no sabía lo que era. Me recordó cuando tenía nueve o diez años, que una señora me llevó a la iglesia y sentí algo similar. Esta señora venía a mi casa y nos invitaba a la iglesia, pero siempre teníamos una excusa para no ir. Un día yo le dije a mi mamá que me gustaría ir, así que fui. No era tan malo y recuerdo que me divertí allí.

Después que se terminó la actividad del Centro, Carlos vino y empezó a conversar con nosotros. Él nos habló sobre lo que Dios había hecho en su vida, diciendo cómo era una persona diferente y cuánto había cambiado. Nos explicó cómo Jesús había roto las cadenas en su vida y que era un hombre libre. Nosotras nos miramos y luego lo miramos a él. Fue entonces que le dije que estaba loco y que le habían lavado el cerebro en ese lugar. Le dije que le daba una semana para verlo de nuevo en las calles. Él me sonrió y dijo las siguientes palabras que nunca en mi vida había oído: "Ada, Jesús te ama y Él puede romper esas cadenas y liberarte". Bueno, no había nada que pudiera decir después de eso. Cuando ya nos íbamos, este joven se nos acercó y dijo que estaban en el proceso de abrir un centro de mujeres y que si queríamos firmar, lo hiciéramos. Yo miré a mi hermana y a Matilda y les dije que no tenía nada qué perder. Yo firmé mi nombre en esa lista y en nuestro camino de regreso, nadie dijo una palabra.

Todo lo que yo pensaba era cuánto Carlos había cambiado realmente; hablaba y actuaba diferente. Al día siguiente, fuimos a comprar drogas y mientras nos drogábamos, todo lo que yo escuchaba eran las palabras que Carlos me había dicho. Pensaba cómo Jesús me amaba y cómo podía cambiar mi vida, y eso no me permitió disfrutar mi pase de drogas para nada. Esta declaración se repetía en mi cabeza una y otra vez.

ADA, DALE A DIOS UNA OPORTUNIDAD

Como dos meses más tarde, este muchacho llamado Joe llamó a la casa de mi mamá y le dijo que el hogar para las muchachas estaba abierto ahora, si queríamos entrar. Él llamó otra vez e hizo una cita para recogernos y llevarnos al hogar. Matilda, Letty, Joe y yo fuimos en el carro de un amigo. Escuchamos música, hicimos escándalo y actuamos alocadamente mientras fumábamos y tirábamos el humo en la cara de Joe. Él no decía una palabra ni nos pedía que paráramos. El viaje duró como una hora.

Finalmente llegamos, entramos al estacionamiento y vi esta casa que era hermosa. Celebraban la inauguración y había muchas personas cantando. Después de eso, este muchacho empezó a predicar. Yo no recuerdo lo que predicó, pero recuerdo que nos llamó y nosotras fuimos. Él dijo que nosotras éramos las primeras en llegar a este programa, nos dio una palabra de ánimo y oró por nosotras. Yo empecé a llorar; no había llorado en mucho tiempo. Recuerdo que la última vez que lloré fue cuando mi hermano Richard murió y eso era cuando tenía unos 12 años. Yo ni siquiera lloré por mi papá cuando murió. Llorar ese día cuando el predicador oró por nosotras era un milagro.

Después que se acabó el servicio, nos llevaron escaleras arriba para hacernos una entrevista y luego nos revisaron para ver si teníamos drogas encima. Durante la entrevista, yo pregunté si nos iban a dar algo para sacar la heroína del cuerpo. La entrevistadora, Jenny Tapia, contestó: "Nosotros no damos nada aquí, ningún tipo de medicamento. Nosotros podemos orar por ti. Sabemos que Dios puede tocar tu vida y tu cuerpo, y no pasarás ninguna crisis". Yo la miré y dije: "Yo me voy de aquí. Yo no puedo romper este vicio a sangre fría o sin la ayuda de algo; no lo creo". Ella dijo: "Ada, dale a Dios una oportunidad". Yo lo pensé por un momento y dije: "*Ok*, pero al momento que yo sienta dolor, me voy". Atravesar por crisis de drogas es horrible. Te sientes tan mal, te duele todo el cuerpo, todos los huesos, estás temblando, moqueando y tienes diarrea. Cada parte de tu cuerpo te duele. Es como si tuvieras gripe, pero 500 veces peor, no estoy exagerando. Yo nunca le desearía eso a nadie, ni siquiera a mi peor enemigo.

Me quería ir y Dios no me dejaba

Esa noche ellos oraron por mi hermana, por Matilda y por mí, durante más o menos media hora. Yo deseaba que avanzaran y terminaran de orar. Finalmente pararon y nos fuimos a la cama. Todo lo que yo pensaba era: "*Ok*, ahora espera por lo que nunca pasó". Yo no sentía nada. Para ser honesta, nunca tuve crisis. Me sentía mucho mejor en ese entonces que con todo el dolor que una adicta siente cuando le falta la heroína. No dormí, pero tampoco me sentí incómoda. Yo me decía a mí misma que tal vez estas cosas de Dios eran reales. Creo que me quedé dormida como a las 5:30 de la mañana, pero no por mucho rato, ya que nos despertaban a las 7:30 a.m. Aunque no tuve crisis, lo único que ocurrió fue que no pude dormir durante casi un mes. Se me hacía bien difícil dormir. Si dormía de una a tres horas, me despertaba y no dormía por el resto de la noche. Era bien frustrante no poder dormir y todos los días me decía "me voy", pero todas las mañanas todavía estaba allí. Yo quería irme todos los días, pero Dios no me dejaba. Yo digo Dios porque yo sentía que si me iba, me perdería lo que Dios tenía para mi vida. Yo sabía que Dios tenía cosas grandes para mí, pero también sabía que si me iba, moriría. En el momento que yo volviera a la calle a comprar drogas, alguien me mataría, o cuando la droga entrara en mi cuerpo, iba a morir de una sobredosis. Estos eran mis pensamientos y sentimientos. Dios ya tenía sus manos en mi vida y de eso yo estaba segura.

En el centro estábamos solamente Letty, Matilda, Aurora y yo. Aurora era la única muchacha que había estado en el programa de los hombres. Los empleados del programa de los hombres estaban conectados con los empleados del programa de mujeres, así que yo creo que Joe iba al programa de los hombres y les hablaba a los muchachos y a Aurora que estaba allá. Ella era la única muchacha en el programa del centro. Yo creo que ellos le hicieron un favor a ella de tenerla allá hasta que se abriera *Teen Challenge* para mujeres.

Yo no estaba acostumbrada a levantarme tan temprano, y tampoco a irme a la cama tan temprano (a las 10:30 p. m. apagaban las luces). Empecé en el programa y no estaba muy contenta con eso de tener que hacer tareas o ir a las clases bíblicas, mucho menos a los servicios. Sin embargo, las clases eran bastante buenas, pues todo lo que nos enseñaban tenía que ver con nuestras vidas. Algunas veces me agarraba a mí misma enfrentando la verdad de mi vida. Yo me identificaba con muchas cosas de las que hablaban. Por ejemplo, me podía relacionar con la mujer que era prostituta en la Biblia. Algunas de las historias en la Biblia eran bien interesantes.

Todo este proceso era nuevo para mí; era la misma rutina de lunes a viernes. Los sábados nos levantábamos tarde, no había clases y eso era chévere para mí. Era un día de pasar el rato entre nosotros, teníamos devocional en la noche y el domingo era el día de la iglesia y de visitas. Todos los muchachos y las muchachas del programa iban a la iglesia llamada El Calvario. Aunque eran bien religiosos y tenían muchas reglas, era divertido porque podíamos ver a los muchachos del programa y algunas veces el predicador tenía cosas buenas qué decir. Los lunes volvíamos a la rutina semanal.

A este punto, habían pasado tres meses y empecé a tomarlo en serio. Mi idea era aumentar algunas libras y mejorar mis condiciones físicas para poder volver a las calles. Yo me estaba sintiendo bien allí, aunque también sentía que Dios no podía amar a alguien como yo. Había hecho tantas cosas malas y había herido a tantas personas... ¿Cómo Dios podía amarme? No podía entender esa clase de amor por alguien que había hecho tanto mal, ni que Dios lo pudiera cambiar y hacerlo una nueva persona. Así que mi intención era dejar ese lugar después de un mes, aunque seguía pensando que si salía y trataba de drogarme, me podría morir de una sobredosis. Yo tenía miedo de volver a las calles, ya que sabía que en el programa tenía seguras una cama y tres comidas al día. También sabía que en el programa yo estaba bien. Todos los días yo quería irme y rendirme. ¿No has llegado a ese punto donde nada te importa en la vida, aunque te estén pasando cosas buenas? Algunas veces pensaba en irme y otras veces no pensaba en eso para nada.

Bueno, llegó el sábado y teníamos limpieza general. En el Centro no jugaban con eso. Para ellos era importante y eso incluía limpiar los corrales de los cerdos. Odiábamos limpiarlos. Era un trabajo asqueroso y a mi hermana Letty le tocaba hacerlo ese sábado. Letty nos dijo que ella iba abrir los corrales e iba dejar salir a los puercos porque ellos necesitaban libertad. Se escabulló durante el desayuno para soltarlos. Cuando le dijeron que fuera a los corrales, ella fue y regresó corriendo y diciendo: "¡Los cerdos no están ahí!". Las consejeras nos hicieron ir a buscarlos.

Joe y dos muchachos más del programa vinieron a preguntarnos qué pasaba y las consejeras les explicaron, así que ellos nos ayudaron a buscar los cerdos. Bueno, ¿adivina qué? Los encontraron y volvimos a limpiar los corrales. Ninguna de nosotras estaba contenta con eso. Pasaron unas semanas y mi hermana tenía que limpiar los corrales y ella dijo que no lo iba a hacer, así que dejó el programa. Intentaron hablar con ella, pero se fue de todas maneras y también Matilda. Yo estaba bien tentada a irme con ellas, pero otra vez pensaba que si yo me iba, me iba a morir o algo bien malo me iba a pasar. Yo me quedé y en ese momento pensé: "¿Estaré haciendo lo correcto?". Mirando hacia atrás, sé que tomé la decisión correcta.

Los primeros cuatro meses yo estaba haciendo mi juego y fumando, pero nadie sabía hasta que la consejera vino a la habitación y dijo: "Tú te puedes burlar de mí y de todo el mundo, pero Dios no puede ser burlado. Nadie dijo nada, claro, pero me hizo pensar y de repente yo dije: *Ok, ¿quién les dijo? ¿Quién les dijo que yo estaba fumando?".* Aurora dijo: "¿Tú sabes qué? No pienses que eres muy inteligente porque Dios es más inteligente que tú y puede revelarles a ellos todo lo que nosotras hacemos". Yo no dormí bien esa noche. Todo lo que yo pensaba era en mi vida pasada y mi vida ahora. Yo tenía que tomar una decisión sobre lo que quería hacer.

Si tú eres real, cambia mi vida

Yo estaba un poco desalentada, pensando en que mi hermana se fue y en el infierno que ella iba a vivir de nuevo, allá afuera en las calles. ¿Era eso lo que yo quería para mí? ¿Quería yo siempre pensar en una sobredosis, consumiendo drogas que no eran buenas para mí, o arriesgándome a que me mataran por drogas o a ir a la cárcel? Todo lo que yo pensaba era qué iba a hacer. Ponía mi vida pasada y mi vida nueva en una balanza. Un día, ya era tarde y recuerdo que estaba orando o hablando bien bajito con alguien que yo creo que era Dios. Yo ni siquiera sabía si Él existía, pero le dije a Dios: "Si tú eres real y me puedes oír, como ellos dicen que tú eres, entonces yo quiero que me cambies y cambies mi vida". Ellos dicen que lo que es imposible para mí, para ti no es imposible. *Ok*, yo voy a parar de jugar y te voy a dejar hacer tu parte. Yo no estoy diciendo que te estoy dando mi vida, pero primero quiero ver lo que tú eres capaz de hacer, si tú puedes hacer algo".

Pasaron un par de semanas y yo estaba deseosa de ir a las clases y al servicio. Yo sentí como que algo estaba pasando. No podía esperar a estar a solas y leer la Biblia. Cada vez que la leía, me podía identificar con algunas de las historias. Mi consejera siempre me animaba y me decía que Dios tenía cosas buenas para mi vida. Si tan solo le era fiel a Dios, Dios me sería fiel a mí. Algo comenzó a pasarme. Estaba emocionada de ir a las clases y al servicio. Quería oír sobre esas historias en la Biblia y quería saber quién vendría a predicar.

Había un muchacho que venía de vez en cuando. Él era realmente un excelente predicador. Era un exadicto que había nacido de nuevo hacía muchos años. Todo el mundo se volvía loco cuando él venía a la casa, no tanto por escucharlo, sino por ver su linda cara. Él se veía bien. En la iglesia cuando tú pasabas al frente para que oraran por ti, la gente imponía sus manos sobre ti, así que las muchachas en la casa decían: "Yo le voy a pedir que ore por mí, solo para que me imponga las manos". Yo les decía que eso no tenía sentido. Ese muchacho, Joe, del centro de rehabilitación de hombres, también venía a predicar. A las muchachas les gustaba mucho cuando él venía porque las hacía reír. Cuando ellas lo veían en la entrada, se emocionaban. También pensaban que se veía bien porque él tenía mucho carisma, pero a mí no me interesaban ni él ni sus relajos. Yo no pensaba que era divertido, aunque a veces lo era. Joe empezó a venir a hablar una vez a la semana, pero también venía un grupo de muchachos y eso nos gustaba. Había muchachos bien lindos en el programa, pero había uno en particular a quien yo le había puesto el ojo. A nosotras no nos permitían hablar con ellos y a ellos no les permitían hablarnos, pero teníamos contacto con la mirada y una mirada dice mucho.

Joe decía cosas divertidas cuando hablaba. Los muchachos y las muchachas se morían de la risa, pero como a mí no me importaba, hubo ocasiones en que me iba a mi habitación cuando yo veía su carro llegar porque yo sabía que era él. Yo no podía estar cerca de él. Pensaba que estaba drogado porque siempre actuaba como un zángano.

Un día cuando Joe vino a predicar, la consejera me pidió que fuera y le hiciera un café y algo de comer. Cuando me di vuelta, él estaba sentado ahí y empezó a hablarme. Yo no tenía mucho qué decir, así que lo dejé que hablara. Él me preguntó cómo yo me sentía en la casa, así que en ese momento, yo tenía que decir algo. Más que nada, creo que solo quería mantener una conversación. Él me animó a quedarme y a abrirme a lo que Dios quería hacer en mi vida. Le dije que estaba tratando, pero era un poco difícil para mí y él dijo que Dios me iba a dar la fuerza que yo necesitaba. El grupo se fue y era hora de apagar las luces para nosotras. Cuando estaba recostada en la cama, pensaba que debía haber algo de verdad en todo esto. A lo mejor Dios podía realmente cambiar mi vida y tenía algunas cosas buenas guardadas para mí. Creía que debía haber una luz al final del túnel. Demasiados pensamientos rondaban mi cabeza y creí que la única manera que los cambios podían ser reales era con la ayuda de Dios. Las muchachas iban y venían de ese programa, pero yo me quedé. Mientras más pensaba en mi vida anterior, más quería una nueva vida.

Cada día quería irme, pero me preguntaba qué tenía que buscar. Sabía que una cosa era segura: donde yo estaba era lo mejor. Lo poquito que tenía ahora era mucho mejor que lo que tenía antes.

EMPECÉ A SENTIRME DIFERENTE

Unos meses habían pasado y había unas tres o cuatro muchachas en la casa. En este punto, me encontraba aconsejando a esas muchachas que querían irse, diciéndoles que no se fueran y que le dieran a Dios una oportunidad. Algo me estaba pasando. De camino a la iglesia, yo miraba por la ventana del carro la condición de la gente y empezaba a llorar. Hacía mucho tiempo que no lloraba, no sabía lo que me estaba pasando, pero se sentía bien. La consejera me vio llorando y cuando volvimos a casa, me preguntó por qué estaba llorando. Yo le dije que porque yo podía ver la condición de vida de la gente y sentía por ellos. Mientras yo hablaba con ella, empecé a llorar. No era que yo quería llorar, solo pasaba. Ella me miró con una gran sonrisa y dijo: "Lo que tú estás sintiendo se llama 'carga'". Yo la miré y le pregunté: "¿Qué rayo es eso?". Ella me explicó exactamente lo que era. Yo no podía creer que yo estaba sintiendo una carga por la gente que ni siquiera conocía ni me importaba. Carga significa algo que es emocionalmente difícil de aguantar y eso era lo que yo sentía. Yo ni siquiera sabía que esos sentimientos estaban ahí; yo me había cerrado a todo sentimiento. Para mí estaba muerta por dentro. Así fue como me sentí por mucho tiempo. Yo estaba sintiendo algo diferente. ¿Podría ser Dios? ¿Podría Dios contestar o estaba contestando mis oraciones? ¿Podría cambiarme, realmente Él tenía el poder para hacerlo? ¿Estaba Dios haciendo lo que yo pensaba que Él no podía hacer? Si era Dios, entonces yo sabía que Él estaba haciendo esto. Eso quería decir que Él podía hacer mucho más en mi vida.

Nosotras terminamos nuestra conversación, nos fuimos a la habitación y yo empecé a leer mi Biblia. Eso fue un poco raro para mí, ya que esta vez lo hice por mí misma. Yo no lo hice porque me lo dijera la persona que me daba la clase o la prédica. Esta vez la agarré por mí misma. Entonces comencé a leerla, pero no podía entender nada. Alguien me dijo que la leyera como una novela y eso empecé a hacer. Cada día, cuando tenía un tiempo libre, leía la Biblia. Mientras todas las otras muchachas estaban jugando o haciendo nada, yo estaba leyendo la Biblia. Ahora no era más la Biblia; era mi Biblia. Yo había tomado la decisión de permitirle a Dios hacer en mi vida lo que Él quería. Había tratado tantas cosas antes, así que tratar a Dios no me iba a doler. Ya no me juntaba con las muchachas. Estaba realmente buscando de Dios. Quería algo diferente, algo que trabajara y no fallara como tantas otras cosas que yo traté. Yo sentí que a lo mejor, esta era la respuesta a mi vida. Tal vez esto era lo que yo necesitaba para no tener nunca que vender mi cuerpo, robar, ir a la cárcel o hacer nada de lo que antes hice.

Un día mi consejera y yo estábamos hablando y mirando algunas cosas en la Biblia. Ella comentó el verso en II de Corintios 5:17 que dice: *"De modo que si alguno está en Cristo, nueva criatura es; las cosas viejas pasaron; he aquí todas son hechas nuevas"*. Yo me molesté un poco y dije: "Espera un poco, ¿qué tú quieres decir con eso?". Ella dijo: "Bueno, exactamente lo que dice, que todas las cosas están en el pasado y no existen más; tú eres nueva". Le pregunté si ella sabía con cuántos hombres yo me había acostado o si sabía todo el daño que había causado no solamente a mí misma, sino a otras personas. Ella dijo: "No, no lo sé, pero yo creo en la Biblia y si la Biblia lo dice, entonces yo lo creo y eso es todo". Yo no me quería molestar más de lo que ya estaba, así que me paré y me fui a mi habitación. Yo seguía diciendo: "¡Esta gente está realmente loca!".

Yo no iba a estar en la habitación por mucho tiempo porque tenía que seguir con mis actividades normales, pero recuerdo que esa noche cuando estaba en la cama, pensaba cuán buena podía ser mi vida. Mi mente divagaba pensando en una vida totalmente diferente. Yo pensé en tener un esposo, una casa, unos hijos. Ahora, la parte de los niños estaba fuera porque los doctores me habían dicho que nunca podría tener hijos, así que me dije: "Ada, tú nunca vas a tener hijos". Aún así, seguí soñando y me dije: "¿No sería maravilloso si todo lo que yo sueño se hiciera realidad?". De repente, ese verso en la Biblia que la consejera mencionó, vino a mi mente, donde dice *"si alguno está en Cristo"*. Pensé que, para ver que estos sueños se hicieran realidad, tenía que estar en Cristo y ser uno de esos cristianos. Yo no estaba segura si yo quería ser uno de ellos porque cada día tenía una batalla interna. Me preguntaba: "¿Lo debo hacer, debo dejar entrar a Cristo en mi corazón?".

UNA NUEVA CRIATURA

Pasaron semanas y un día fui a mi consejera y le dije: "Quiero dejar entrar a Cristo en mi corazón". Pero antes de que eso pasara, le pregunté si ella estaba segura de que mi vida iba a cambiar y si era verdad que Jesús me había perdonado todo lo que yo había hecho. Ella dijo: "Ada, si eso no fuera verdad, yo no estaría aquí diciéndotelo. Jesús no es un mentiroso y Él hace lo que dice que va a hacer". Dije: "Entonces yo estoy lista para tomar una decisión". Así que ese día 14 de febrero de 1971, le pedí a Jesús que viniera a mi vida y me cambiara. Yo recuerdo muy bien que al día siguiente, me levanté con una gran sonrisa en mi cara. Todo el mundo decía esa mañana que mi cara lucía diferente; que había un brillo en mi apariencia. Y yo decía: "Me siento diferente, hasta dormí bien por primera vez en mucho tiempo". Yo sentía paz en mí, como si no tuviera preocupaciones en el mundo. Decidí en mi corazón que iba a dar todo lo que yo pudiera. Yo estaba determinada a que nada se iba a interponer en mi camino; que si esto iba a funcionar, yo lo tenía que hacer funcionar. Todo iba a estar en mí y en nadie más.

Cada día me levantaba emocionada de ir a las clases, de ir a la iglesia y escuchar a quien fuera a predicar. Debo decir que algunas personas que vinieron a predicar me animaban a que yo alentara a otros. Algo estaba pasando dentro de mí. Algunas de las muchachas se burlaban de mí y decían: "Ahora tú eres demasiado buena para andar con nosotras porque tú piensas que eres muy buena para nosotras". Les decía: "No pienso que soy mejor que tú. Solo no quiero volver a las calles y hacer lo que estaba haciendo. Si Dios me puede cambiar, entonces yo se lo voy a permitir". Ellas no entendían de dónde venía; todo lo que ellas hacían era burlarse de mí. La mayoría del tiempo andaba sola. De esa manera me mantenía fuera de problemas. Había algunas muchachas que eran lesbianas y trataban de sonsacarme, pero solo me alejaba de ellas. Hubo tiempos en los que quería rendirme y si me enredaba con alguna muchacha, ella no iba a decir nada ni yo tampoco. Pero una vez lo pensaba, decía: "No, yo no puedo volver atrás, tengo que seguir hacia delante". Era duro resistir la tentación, no rendirse a lo que antes amaba. A mí me gustaban las drogas, me gustaban las mujeres. Yo amaba todo lo que hacía antes. Era difícil cambiar de un estilo de vida a algo completamente diferente a lo que acostumbraba. Es como un dicho: "No le puedes enseñar a un perro viejo un truco nuevo". Para este tiempo ya tenía en el programa unos cuatro o cinco meses.

Un día una muchacha nueva de Nueva York vino al programa. Era dura y fuerte. Nadie le hablaba mucho. Yo la miraba y decía: "Un día voy a compartir lo poco que tengo, para animarla y dejarle saber que hay esperanza para su vida". Al mes de ella estar allí, tuve el valor de hablarle. Ella no contestó, así que comencé a decirle lo que Jesús había hecho en mi vida, de lo cual no entendía mucho, pero mi corazón estaba cambiando. Espontáneamente le dije: "Jesús te ama". Antes de que pudiera decir o hacer algo, me pegó una cachetada. Yo estaba impresionada de que ella hiciera eso. Todo lo que hice fue mirarla y bajar al salón de los servicios.

Me arrodillé y empecé a llorar y di gracias al Señor. Desde ese punto en adelante, yo supe que Dios estaba siendo real en mí. No estaba llorando porque estaba enojada o molesta, ni le agradecí a Dios la bofetada que ella me dio. Estaba llorando y dándole gracias a Dios porque no le pegué de vuelta. En ese momento, supe que Jesús era real. Eso era un milagro. Mi vida estaba siendo cambiada y mi proceder era diferente. ¡Yo quería tanto que esa muchacha sintiera lo que yo estaba sintiendo dentro de mí! Quería hacerle saber que si no hubiera estado pasando algo en mi interior, le hubiera pegado de vuelta. El próximo día ella quería irse, claro que hablaron con ella, pero no quería escuchar. Yo no recuerdo su nombre, pero le dije que le diera una oportunidad a Dios. Ella se fue de todas maneras. Yo lloré por esa joven porque vi en ella un reflejo de mí. Vi en ella la ira, el odio, la amargura, la frustración y el dolor que estaba atravesando. Yo estaba llorando y sintiendo por esa muchacha. Era joven, yo diría que tenía unos 15 años. Yo quería meterme dentro de ella y zarandearla, decirle que no desperdiciara su vida porque había algo mejor para ella. Quería decirle que había una salida, pero ¿sabes qué? Justo como yo tomé una decisión, ella tenía que hacer lo mismo. Dios estaba siendo real en mí y me sentía bien de cómo mi vida iba cambiando. Ahora sentía que había una razón para vivir, algo qué esperar y mirar hacia adelante. La vida era buena y así la estaba viendo.

Cada vez que íbamos a la iglesia, agarraba a Joe mirándome y siempre me decía: "Dios te bendiga". Él siempre me daba palabras de ánimo y algunas veces me hablaba, pero nunca estaba solo. Siempre había personas alrededor de nosotros. Yo noté algo de él. Caía bien y los muchachos lo admiraban en el centro. Aunque él era un relajón, había algo especial en él. Una de las muchachas estaba enamorada de él y le pidió a Aurora que averiguara quién le gustaba y cuando regresó, le dijo a la muchacha que no era ella. Joe le dijo a Aurora que si a él le gustara alguien, sería Ada. Cuando yo oí eso, me molesté y le dije que le dijera que si yo quería un hombre, sabía dónde encontrar uno. Yo estaba enojada, pero en otro sentido, algo alegre porque alguien estaba interesado en mí.

Capítulo 8

JESÚS REVOLUCIONÓ
MI VIDA

Y O HABÍA AUMENTADO unas cuantas libras y lucía bien. Cada vez que Joe y yo nos mirábamos, nos sonreíamos el uno al otro. Comencé a tener sentimientos hacia él, pero nunca se lo diría. Pensé que él sentía lo mismo.

Ya tenía siete meses en el programa y las pocas muchachas se fueron una a una. Por un tiempo, yo era la única muchacha, así que yo era la consentida. Algunas veces iba hasta la casa de los muchachos con Isa Carrión, la directora del Centro, porque su esposo estaba a cargo de ellos. Para mí era un paseo, ya que podía ver a Joe y él me podía ver. Nosotros hablábamos de vez en cuando y mi directora sabía que nos caíamos bien, pero nada era oficial porque yo todavía estaba en el programa. Me faltaban de cuatro a cinco meses para terminar. Yo estaba realmente en serio con eso de servirle a Dios y sabía en este punto que no iba a volver a la vida que tenía antes. Algo había tomado lugar en mi corazón; sabía que no era la misma persona. Dios había cambiado mi vida de abajo hacia arriba. Él había revolucionado mi vida y había tomado mi corazón, mi vida, mi ser y toda yo. No era la misma persona; ya era una mujer totalmente cambiada.

El verso bíblico que mi consejera había compartido conmigo se hizo realidad. Ahora yo entendía lo que ella trataba de decirme. Yo me sentía tan bien, tan libre. El tan solo pensamiento de la vida que había tenido me traía sufrimiento y dolor. No tenía que escuchar que me llamaran basura, prostituta o lesbiana. Jamás tendría que dormir con un hombre tan solo para conseguir las drogas. El próximo hombre con quien yo dormiría sería mi esposo. Dios había cambiado también la manera en que miraba a los hombres. Odiaba a los hombres con pasión, pero aquí estaba soñando con casarme. Eso era un milagro. Yo ni siquiera lo podía creer: Ada pensando en casarse. Yo no sabía si era Joe o quién iba a ser, pero sabía que quien fuera, Dios me daría alguien que me amaría y no le importaría mi pasado. Una cosa seguía pasando por mi mente y era esta: no creía que un hombre latino aceptara mi pasado. Los hombres latinos son muy especiales y muy machistas.

UN HOMBRE DE DIOS COMO ESPOSO

Joe y yo nos estábamos envolviendo el uno con el otro. Yo estaba un poco nerviosa porque no quería ser herida otra vez por un hombre. No quería emocionarme y dudaba si debía involucrarme en esa relación. Yo pensaba si debíamos terminar esto mientras tuviera la oportunidad de hacerlo, y me preguntaba: "¿Será este el hombre que Dios tiene para mí?". No sabía que Joe estaba batallando con sus propios demonios cuestionando esta relación. Él tenía que pensar si yo iba a ser de bien a su vida, ya que él llevaba rehabilitado tres años y yo apenas acababa de llegar. Había muchas personas que le decían: "Joe, no te envuelvas con esta muchacha, mira su vida, mira todo lo que ella ha hecho, ella no es buena para ti". Esas personas que lo desmotivaban eran personas que no conocían a Dios, aunque eran personas que se llamaban "cristianas".

Nosotros hablábamos a veces y él me decía: "Ada, si esto es de Dios, entonces pasará, y si no lo es, ya nos daremos cuenta". Para este tiempo no solo me gustaba, sino que me estaba enamorando de él. Quería que la relación funcionara, pero estaba en las manos de Dios y de Joe. Yo solo no quería estar devastada y dolida de nuevo. No quería que esto fuera un problema en mi vida y no sabía si podría manejarlo. No sabía si esto sería una razón para volver a mi vida de antes. ¿Iba yo a dejar que este episodio determinara mi vida? ¿Iba yo a darle la espalda a Dios después de todo lo que había hecho y estaba haciendo en mi vida? ¿Iba yo a dejar que se detuviera mi nueva vida en Cristo? Yo pensé sobre eso durante varias semanas y me llegó una respuesta. Yo leí en la Biblia la parte que decía: "... *el que comenzó en vosotros la buena obra, la perfeccionará...* " (Filipenses 1:6). Dios no comienza algo y lo deja a medio camino. Él termina y hace perfecto lo que comienza. ¿Por qué? ¡Porque ese es Dios! ¿No es eso lo que dice la Biblia? Así que yo tomé la firme decisión de que no importaba lo que pasara, yo no le iba a dar la espalda a Dios. Una vez tomé esa decisión, sentí paz y me dije que todo iba a estar bien. No iba a dejar que mi situación con Joe determinara mi vida porque yo sabía lo que quería y era servirle a Dios con todo mi corazón. Estaba verdaderamente agradecida por todo lo que estaba ocurriendo en mi vida y si no hubiera sido por Dios, nada de eso hubiera sucedido. Yo lo dejé en las manos de Dios. ¿Quién mejor que Dios podría cuidar de esta situación? Todo lo que yo sabía era que Dios era capaz de hacer exactamente lo que yo pensaba. Se lo dejé en sus manos.

Mi graduación y el primer regalo de mi vida

Me quedaban unos cuantos días más para terminar mi programa. La graduación fue hermosa. Don Wilkerson, el hermano de David Wilkerson (fundador de *Teen Challenge*) fue el orador invitado. Recuerdo que Joe me dio un regalo. Yo había estado orando por un vestido días antes de mi graduación; aquí estaba este muchacho que todavía no conocía muy bien, con este regalo. Era un bonito vestido, a mí me gustó de verdad. Yo realmente no recuerdo el sermón de la graduación porque todo lo que pensaba era en lo que él me había comprado. Nadie nunca me había comprado nada porque estaba acostumbrada a que tomaran de mí. ¡Estaba tan emocionada de saber que alguien había pensado en mí! En ese momento no sabíamos lo que iba a suceder entre nosotros, pero un día cuando Joe estaba orando, le dijo a Dios que no quería tener nada conmigo. Su compañero de habitación me había escuchado compartir mi testimonio y se lo contó a Joe. Él fue al cuarto de oración y dijo: "Dios, no creo que yo pueda cargar con esto". Él sabía lo que era vivir la vida como adicto porque él la había vivido. Él también tenía miedo y no quería cometer un error. De repente, Dios le dijo: "Joe, ¿de dónde yo te saqué?". Y Joe dijo: "Del basurero". Entonces Dios le dijo: "Y yo limpié tu vida". Joe dijo: "Y estoy agradecido para siempre". Entonces Dios le dijo algo que él nunca va a olvidar: "Joe, yo estoy haciendo lo mismo en la vida de Ada, así que no llames sucio lo que yo estoy limpiando". ¿Es eso grandioso o qué? Dios le dio una buena lección.

Después de graduarme, yo era como parte de los empleados, diciéndoles a otras mujeres lo que Dios había hecho en mi vida y cómo Dios podía hacer lo mismo en sus vidas. Yo amaba compartir mi vida con otras mujeres que estaban viviendo lo que yo había vivido y diciéndoles que había otra manera de vivir; que no había nada que Dios no pudiera hacer. Yo realmente disfrutaba ayudar a otras mujeres.

EL SUEÑO DE CASARME DE BLANCO

Me envolví tanto en el programa que la relación de Joe y yo no era un problema. Él me importaba mucho, pero no iba a dejar que esto fuera un dilema en mi vida. Un domingo en la iglesia, él me pasó una nota de camino al baño y yo la leí. Decía: "el 5 de agosto nos vamos a casar". Todo lo que yo podía hacer era sonreír; estaba feliz. Cuando él regresaba del baño, me dio otra nota. Yo pensé que se había arrepentido. Me tomó unos segundos abrirla, pero la abrí y decía: "A las 2 p. m. y trae todo el dinero que tengas". Yo tuve que reírme porque yo no tenía nada dinero, pero ese era Joe. Él tenía buen sentido del humor.

Nosotros dejamos pasar un par de semanas y él le dijo a mi directora cuáles eran sus planes conmigo. Yo era la mujer más feliz del mundo. Todos los sueños que tenía desde jovencita se estaban haciendo realidad. Mi príncipe encantado había llegado. La persona que yo había soñado durante toda mi vida estaba aquí y me iba a casar con él. Yo me tiraba en la cama imaginándome cómo sería mi boda, pero había un problema: no teníamos nada de dinero y no sabía cómo iban a salir las cosas en lo que se refería a la boda. Recuerdo a Joe diciéndome: "Ten fe, Dios suplirá toda necesidad". Yo llevaba poco de convertida y él ya tenía tres años de ser cristiano, así que cuando me dijo eso, pensé: "Está bien loco. ¿Sabe él lo que está hablando?". Súbitamente, una amiga dijo que ella encontraría el vestido de mi boda. Eso me sorprendió mucho. Le decía a todo el mundo que tenía mi vestido y que era muy bonito. El vestido era blanco y de estilo español. Uno de mis sueños estaba a punto de realizarse: casarme vestida de blanco.

De un momento a otro, mi sueño empezó a tambalear. Unas cuantas mujeres empezaron a decirme: "No te puedes casar en un vestido blanco". Dije: "¿Por qué no?". Sus respuestas fueron: "Porque tú no eres virgen". Yo estaba dolida y al mismo tiempo confundida. Yo sabía que no era virgen, pero muchas personas cristianas decían que era una nueva mujer y que todo había pasado, refiriéndose a mi vida pasada. Así que no podía entender por qué ellas me decían que no podía casarme en un vestido blanco. Eso realmente me partió el corazón en dos, me dolió muchísimo. Le dije a Joe lo que había pasado, unas semanas más tarde; esperé un tiempo porque era tanto el dolor que no podía hablar sobre ello. Me contestó: "Haz lo que está en tu corazón, no escuches a los demás". Para mí, era cosa grande no escuchar a los demás. Por mucho tiempo eso fue lo que hice, escuchar y hacer lo que otros dijeran y eso era lo que me metía en problemas. Yo siempre iba por lo que la gente decía, así que era difícil para mí no escuchar. Yo creo que por escuchar a la gente, mi vida había sido tal desorden. Yo necesitaba aprender a escuchar a Dios y hacer lo que Él me dijera que hiciera.

Un día fui a la oficina del pastor y le pregunté si él creía lo que la Biblia decía. Él dijo: "Claro que creo". Entonces yo le pregunté si él realmente creía lo que 2 de Corintios 5:17 decía: *"Si alguno está en Cristo, nueva criatura es, las cosas viejas pasaron y he aquí todas son hechas nuevas"*. Él dijo: "Sí, yo creo eso". Entonces yo dije: "*Ok*, pues dígales a esas mujeres en la iglesia que yo me voy a casar con un vestido blanco y que a mí no me importa lo que ellas piensen. Yo también creo en la Biblia y lo que Dios está haciendo y hará en mi vida, y por eso me estoy casando con un vestido blanco y punto". En ese momento sentí paz y gozo en mi corazón. Sabía que estaba haciendo lo correcto.

Joe y yo seguíamos atravesando muchas batallas porque hubo personas que le dijeron: "Esa muchacha te va a dañar la vida y te va a arrastrar a las drogas y a las cosas que antes hacías". Era algo que iba y venía con nosotros. Joe pasó un tiempo difícil por la gente diciéndole que no se casara conmigo. Lo peor era que eran cristianos quienes llenaban su cabeza con tantas cosas negativas. Por un momento, yo no sabía qué iba a pasar. Si era de Dios que nos casáramos, iba a suceder y si no, no sucedería. Un día Joe dijo que nos casaríamos porque visitó un amigo de nosotros mayor edad y le preguntó qué debía hacer. Joe le contó que muchas personas estaban en contra de este matrimonio y que él no sabía qué hacer. Este hombre que estaba lleno de conocimiento y sabiduría, lo miró a sus ojos y le preguntó algo bien honesto y muy importante: "Joe, ¿realmente amas a esta muchacha?". Joe no se detuvo a pensarlo y contestó: "Sí, yo la amo". Este hombre continuó diciéndole: "Entonces cásate con ella". Por eso Joe dijo que nos íbamos a casar. Esta vez supe que nada nos iba a detener.

Nosotros sabíamos que esa era la voluntad de Dios en nuestras vidas, pero no teníamos un centavo para la boda. Un día Joe vino a la casa de las muchachas a visitarnos y tenía una bolsa marrón pequeña. A dondequiera que iba, la bolsa iba con él. Yo empezaba a preguntarme qué había en esa bolsa. Como a las 6:30 de la tarde, cuando íbamos hacia nuestro devocional, él dijo: "Yo voy a dar el devocional hoy". Empezó a hablar y al final dijo: "Yo tengo una cosa más qué hacer". Puso la mano en la bolsa y sacó una caja pequeña que parecía ser una caja de anillos. Él puso el anillo en mi dedo y yo comencé a llorar. Todas las muchachas lo querían ver. Era la mujer más feliz del mundo.

La semana siguiente, fui a la casa de mi mamá y le dije que Joe y yo nos íbamos a casar. Le enseñé el anillo que era muy hermoso, me gustaba mucho. De camino a la casa de mi mamá, mientras iba en el autobús, me extasié con mi anillo. Joe tenía buen gusto; era algo que yo misma me hubiera comprado. Mi mamá y mis hermanas estaban muy felices por mí. A mi mamá realmente le gustaba Joe. Ella siempre me decía: "Ese es un hombre bueno y te ama mucho". Joe se había ganado el corazón de mi mamá solo por ser él mismo. Él hacía a mami reír mucho. Dios no me había podido dar un mejor hombre.

MILAGROS DE PROVISIÓN

Yo estaba preocupada sobre cómo íbamos a sobrevivir en cuanto al dinero. Joe solo ganaba $15.00 a la semana y yo ganaba $5.00 a la semana también. Para empezar, ustedes deben preguntarse cómo compró el anillo. Él fue a una joyería y vio varios hermosos anillos. El dueño vino a donde Joe y le preguntó: "¿Cuál te gusta?". Joe le apuntó lo que le gustó. El hombre le dijo: "Son hermosos". Le dijo a Joe cuánto costaban. Joe dijo: "Son caros". También le dijo que lo único que tenía eran $90.00, pero que había usado $5 para comer y tomar el autobús, así que solo le quedaban $85.00 para gastar. Joe le dijo que él trabajaría limpiándole la tienda, por el resto del dinero que le faltaba. El hombre le dijo: "¿Estás loco? ¡Yo no puedo hacer eso!". Joe le dijo: "Si yo estuviera en otra época de mi vida, hubiera saltado sobre el mostrador y te los hubiera quitado, pero ahora soy cristiano". Ese día, Joe compartió su testimonio con ese muchacho. Él se conmovió y fue tocado por lo que Joe le dijo. Le regaló los anillos a Joe.

Joe no podía agradecerle más, pero antes le preguntó si sabía de un lugar donde vendían flores. Él lo envió a donde un amigo suyo que tenía una floristería. Más tarde supimos que había llamado a su amigo y le había dicho: "Hay un muchacho muy loco que envié a donde ti". Joe fue a la floristería y le compartió la misma historia que le dijo al joyero y le dijo: "Yo tenía $85.00, pero ahora tengo $80.00 porque tuve que comer y tomar el autobús". ¿Podrías creer que esa persona nos dio las flores de gratis? Antes de que Joe saliera, le preguntó si sabía de alguien que cocinara comida para bodas. Le contestó: "Ya llamé a la señora y ella está esperando por ti". Esta señora también nos dio la comida gratis. Fue tan hermoso cómo todo se iba dando. El Señor suplía cada cosa que se necesitaba para la boda. Nosotros no sabíamos dónde íbamos a vivir, pero yo estaba segura de que Dios tenía el control de eso.

Había una señora en Puerto Rico que iba a las cárceles y los prisioneros la llamaban "el ángel de los prisioneros". Ella tenía como unos quince o veinte muchachos que la ayudaban con el ministerio. Uno de esos muchachos era Joe. Yo la había conocido y parecía que le caía bien. Creo que ella le preguntó a Joe qué íbamos a hacer cuando nos casáramos y Joe le había dicho que no estaba muy seguro, así que ella lo invitó a trabajar con ella. Esta mujer ya fallecida, Sally Olsen, tenía un orfanatorio (*Rose of Sharon Home* u Hogar Rosa de Sarón) de niños con padres en la cárcel. Algunos de los niños eran enviados por el gobierno. Joe compartió conmigo sobre trabajar con ella y me dijo: "Vamos a orar por eso y ver qué dice Dios".

El día de la boda se acercaba y me estaba poniendo nerviosa sobre tomar este paso en mi vida. Este era un compromiso al que me tenía que aferrar, no importara lo que pasara. No era algo que podía dejar fácilmente si no funcionaba. La Biblia dice que para los seguidores de Cristo no hay tal cosa llamada divorcio. Ahora, si es una relación donde hay una situación de vida, muerte o un incesto, es totalmente diferente. Yo no sabía lo que era el matrimonio, nunca había estado casada. Sí conviví con un muchacho, pero peleábamos mucho. Yo tenía que respetar a mi esposo y él me tenía que respetar. ¿Estaba yo lista para este compromiso? El único ejemplo que yo tenía era el de mis padres y ellos no fueron el mejor ejemplo, así que iba a este compromiso sin ningún tipo de conocimiento. Yo estaba aterrada de esto llamado matrimonio y compromiso. Me repetía que todo iba a estar bien porque tenía a Dios a mi lado y la Biblia dice que ningún arma forjada contra mí prosperará. Yo tenía que creer en la Palabra de Dios. El día de la boda era 5 de agosto y estábamos a mediados de julio.

El solo pensar que me iba a trabajar al Hogar Rosa de Sarón me rompía el corazón. Yo me sentía muy bien diciéndoles a las mujeres que venían al programa sobre lo que Dios estaba haciendo en mi vida, y que tenían una oportunidad. Sin embargo, durante todos estos años he aprendido que hay una época para todas las cosas y mientras estás en ella, tienes la oportunidad de aprender lo que necesitas. Aprendí en esa época amor, compasión y cuidado. Aprendí cómo amar a personas que no tenían amor y que no eran amadas. Aprendí a tener compasión por aquellos por quienes nadie tenía compasión y, sobre todo, a cuidar de ellos sin esperar nada a cambio. Eso fue lo que Jesús hizo por mí. Ahora yo estaba devolviendo lo que había recibido y eso para mí era una gran recompensa. Dios había puesto en mi corazón una gama de sentimientos, cuando una vez yo no tenía nada más que odio, amargura, miseria y muchos otros malos sentimientos. Antes la vida no tenía sentido para mí, pero ahora estaba llena de propósito.

UNA BODA INOLVIDABLE

El tiempo voló y llegó el 5 de agosto, el día de mi boda. Para las 2:00 p. m. todo iba a comenzar. Yo estaba en la casa de mi directora; su nombre era Isa. Me estaban tomando fotografías de todo lo que estaba pasando, peinándome y maquillándome. Mis damas de honor se estaban arreglando también.

Bueno, eran las 2 p. m. y todo estaba listo. La música comenzó a sonar y mis damas de honor caminaron hacia el altar. Entonces todos se pusieron de pie y yo comencé a desfilar. Mi padrino de bodas fue aquel hombre a quien Joe le pidió consejo. Cuando íbamos hacia el altar, él dijo: "Ahí esta él, solo esperando por ti". Yo sentí que había estado esperando por esto toda mi vida y finalmente mi sueño se estaba haciendo realidad. Yo estaba tan feliz, me sentía la mujer más afortunada de todo el mundo. Cuando me aproximaba al que iba a ser mi esposo, lo miré a los ojos y supe que estaba verdaderamente enamorada de este hombre. Mi ceremonia fue tan linda y recuerdo al pastor orando por nosotros. La presencia de Dios era tan fuerte en ese lugar que Joe comenzó a llorar, no de tristeza, sino de gozo. Fue una ceremonia verdaderamente hermosa. Dios realmente se lució en nuestra boda.

La mamá de Joe estaba también allí y ella era una mujer de un carácter fuerte. Cuando Joe me la presentó ni siquiera se sonrió, fue muy fría. Ella tenía amargura en su corazón y lo podías ver en su cara. Ella estaba amargada con su hijo y con la vida. Joe la había herido tanto y le había hecho tanto daño, que la había separado de él por muchos años. Y aunque él era un hombre cambiado, ella no lo había perdonado.

Nosotros pasamos a la recepción, que se llevó a cabo en el lugar donde íbamos a trabajar, el orfanatorio. Fue una recepción bien chévere. La directora del orfanatorio dijo que nos podíamos quedar en su casa de playa para nuestra primera noche de luna de miel porque al otro día nos íbamos a St. Croix a predicar. El favor de Dios estaba sobre nosotros porque el pastor nos bendijo con un mes en esa isla, con todos los gastos pagos. Yo no podía creer cómo Dios había hecho todo esto. Él nos amaba tanto que demostró cuánto cuidado tenía de nosotros y cómo le importábamos.

Nosotros nos fuimos de la boda y yo estaba nerviosa. Fui al baño para prepararme y parece que estuve allí como por una hora. Me sentía como una virgen y como si nunca hubiera estado con un hombre. Eso es lo que Dios puede hacer. Yo sabía que no era virgen, pero Dios me había devuelto mi dignidad, mi autoestima y mi valor. Era un sentimiento fabuloso. Yo sabía que verdaderamente no volvería a ser quien yo era.

St. Croix era hermoso. Yo nunca había estado fuera de Nueva York, solamente cuando fui a Puerto Rico, por cierto muy lindo. No podía creer cómo alguien podía tener el corazón de pagarle a una pareja todos los gastos de su luna de miel para que pudiéran disfrutar de un lugar maravilloso. Nuestra luna de miel duró un mes. Yo había sido cristiana solo durante un año y ya estaba mirando la fidelidad de Dios en mi vida, y este era tan solo el comienzo de mi nueva vida.

Era el 6 de septiembre cuando regresamos a Puerto Rico de nuestra luna de miel. Nunca olvidaré la siguiente mañana. Yo me desperté y dije: "¡Oh mi Dios! ¿Qué he hecho?". El matrimonio es un gran compromiso, no es una tarea fácil. Es algo serio y no es solo por un rato, sino para toda la vida. Pero yo estaba confiada en que Dios nos iba a ayudar y a cuidar.

Capítulo 9

NADA ES FÁCIL,
PERO ES POSIBLE CON DIOS

Nos DIERON EL orfanatorio donde íbamos a comenzar nuestra nueva aventura e íbamos a estar a cargo de los muchachos entre las edades de 12 a 20 años. Yo pensaba: "Hombre, yo no sé manejar esta edad. ¿Qué les diré cuando necesiten un consejo en algunas situaciones? ¿Cómo los voy a corregir cuando hagan algo incorrecto?". Dije: "Señor, ten misericordia de mí". Iba a necesitar toda la misericordia y ayuda que pudiera obtener.

Todo estaba bien chévere. Nosotros teníamos un apartamento bien bonito. Cuando tú salías del apartamento, había tres o cuatro dormitorios, como casas de estudiantes. En el medio del edificio, había una sala y una linda cocina. Nosotros lo compartíamos con los muchachos, y Joe y yo teníamos nuestra privacidad y nuestro propio espacio que realmente disfrutábamos. Fuimos a conocer a los muchachos y parecían buenos, pero era muy pronto para saber cómo eran. Puedo decir que durante los dos a tres años que estuvimos allí, nunca tuvimos problemas con estos jóvenes. Tuvimos que aprender cómo se hacían las cosas en el orfanatorio y aprendimos rápido. Yo disfruté trabajando con todos los niños. Cada mañana a las 10 a. m., orábamos por una hora y ese tiempo era refrescante para mí. Después de la oración, estábamos listos para cualquier cosa que viniera en el camino.

Retos matrimoniales: mi ira interior

Sabía que no iba a ser fácil, pero definitivamente posible con la ayuda de Dios. Cada día era un reto, pero la vida misma está hecha de retos que tenemos que enfrentar. Uno de esos retos era cuando Joe y yo peleábamos sobre la cosa más tonta que no nos llevaba a nada. Había otros momentos cuando había paz entre nosotros. Yo tenía mucho miedo de que Joe me dejara y pensaba mucho: "¿Me dejará por una más linda o más inteligente que yo? ¿O tal vez me deje por una con mejor personalidad?". Como crecían mis temores e inseguridades, así crecían nuestras peleas. No era que él empezara la pelea, sino yo. Yo siempre lo retaba o lo provocaba a pelear; yo era un dolor de cabeza. Joe es una persona maravillosa y pacífica. Él siempre se iba porque no quería pelear o discutir conmigo. Yo era un ají jalapeño. Nunca fallaba que lo que comenzaba, lo quería terminar.

Me di cuenta de que mi actitud no había cambiado mucho y que yo estaba odiosa y con mucha ira por dentro. Todavía tenía cosas qué resolver en mi vida. Creía que lo había dado todo a Dios. Para mi sorpresa, encontré que ciertos problemas aún estaban ahí. Claro, después de cada pelea yo me sentía muy mal, pero eso no iba a cambiar la situación. Por mi orgullo, no me daba por vencida, ni iba a ser yo quien diera el primer paso. Yo, ¿humillarme? ¡Ni en un millón de años! El orgullo será el número uno en tu vida si tú lo dejas y como yo lo dejaba entrar, era el problema número uno en mí.

Nuestro matrimonio iba de mal en peor. Recuerdo que Dios estaba usando a Joe de una manera poderosa; lo estaban invitando a muchas iglesias. Nosotros íbamos a casa y vivíamos como demonios. No practicábamos lo que predicábamos. Éramos un desastre. Oh sí, nosotros íbamos a la iglesia con una gran sonrisa, aparentando que todo estaba bien, cuando no lo estaba. Hubo tiempos en los que yo le decía a Joe: "*Ok*, antes de que vayamos a la iglesia nos tenemos que poner la máscara, solo para que los demás piensen que somos felices". Nosotros sabíamos cómo poner un gran frente y pretender ser lo que no éramos. Algunas veces nuestro pastor apuntaba a nosotros y nos usaba como ejemplo diciendo: "Nosotros debemos ser como ellos". Me decía: "Si este viejo supiera el infierno que estamos viviendo, él no mencionaría nuestros nombres". ¿Tú sabes cuántas personas en la iglesia están en la misma situación? Ellos no quieren ser ayudados porque tienen miedo de qué pensarán o dirán de ellos los demás. Ellos actúan de una manera en la iglesia y viven de otra manera en sus casas. Eso es tan triste porque no debería ser así. La iglesia debería ser un lugar de sanación; un lugar donde puedas ir y dejar todos tus temores y tus cargas.

Traje todas mis cargas a mi matrimonio y eso estaba arruinando nuestra relación. Hubo tiempos en los que dormí en el sofá y ni siquiera nos hablábamos. Un fin de semana en particular, Joe iba a predicar. Cuando se estaba afeitando, corrí hacia él, empecé a golpearlo y a decirle que lo odiaba. No, yo no lo odiaba, era la ira hablando. Él dijo: "¿Y ahora cómo voy a ir a predicar así?". Yo lo había aruñado tan duro que casi le saco el ojo. Yo le dije: "No te preocupes, yo busco mi maquillaje y te lo cubro". Yo puse un poco en sus ojos y se fue a predicar. ¡Qué triste era la vida que teníamos! Unas cuantas veces él trató de buscar ayuda para nosotros, pero yo no quería ayuda porque pensaba que yo no era el problema. Para mí el problema era Joe. ¿Quién acusaba a quién en el Jardín del Edén? Adán y Eva lo hicieron; Adán culpaba a Eva y Eva culpaba a la serpiente. Nosotros nunca queremos asumir responsabilidad de lo que hacemos. Si pudiéramos culpar a alguien, lo haríamos. Cuando tú apuntas a alguien, hay tres dedos apuntando hacia ti. Yo no quería tener la culpa de nada.

Joe salió esa noche a predicar y estaba tan enojada que dije: "Me voy de aquí". Yo no quería saber nada de este matrimonio desastroso. Eran más o menos las diez de la noche cuando decidí dejar el matrimonio. Justo cuando iba a salir por la puerta, Joe venía hacia mí. Él dijo: "¿Para dónde vas?". Le dije: "Me voy. No quiero saber nada de este matrimonio porque yo te voy a matar o tú me vas a matar y no quiero ir a la cárcel". Joe dijo: "Vamos adentro a hablar y a orar". Eso me puso furiosa. Le dije que no quería orar, pero él seguía insistiendo en que habláramos. Yo me rendí y volví adentro, y él dijo: "Vamos a la habitación". Yo dije: "Fíjate que no. Si tú piensas que el sexo va a resolver esto, estás mal".

Algunas veces pensamos que teniendo sexo todo va a estar bien o va a mejorar, pero la respuesta no es el sexo que solo trae placer. El sexo no arregla los problemas. Los problemas hay que enfrentarlos. Tú no puedes esconder el problema bajo la alfombra. Es como cuando tienes una herida con puntos. Tienes que cambiar la gaza y poner una limpia, pero de vez en cuando tienes que dejarla respirar porque si no lo haces, se infecta. El doctor podría amputarte el área afectada si no sigues las instrucciones. Tú harías cualquier cosa que te diga el doctor porque vas a querer conservar esa parte de tu cuerpo. Harías lo que tengas que hacer para salvar esa parte de tu cuerpo y no perderla. Es lo mismo con el matrimonio: tú irás al extremo para tratar de salvarlo. Eso era lo que Joe estaba tratando de hacer, pero yo no le ponía importancia al matrimonio en ese momento. ¡Qué egoísta era que yo pensara que no era parte del problema, cuando yo era el problema y la que necesitaba cambiar! Yo era la que estaba llena de orgullo.

Fuimos a la habitación y él comenzó a orar. Yo realmente no estaba orando para nada. Tenía una actitud intransigente, estaba enojada y todavía quería salirme del matrimonio, aún cuando Joe terminó de orar. Yo me levanté y me fui al baño. Recuerdo que empecé a pelear con Dios y a preguntarle: "¿Por qué me diste este hombre y por qué me dañaste mi vida con este matrimonio?". Yo estaba echándole la culpa a Dios por todo lo que iba mal en mi vida, y no era Dios, sino yo. Así como yo le iba hablando a Dios, de repente me miré en el espejo y Dios me habló y dijo: "Tú eres el problema, eres la que necesitas ayuda". Aquí estaba yo diciéndole a Dios que cambiara a Joe y era yo la que necesitaba cambiar. Cuando Dios me dijo eso, yo le dije: "Yo no necesito cambiar. Mi esposo es el que necesita que lo cambies". Ahí estaba mi orgullo otra vez. Entonces dije: "Dios, si yo soy la que necesito cambiar, entonces cámbiame". Finalmente asumí responsabilidad, me humillé y dije: "Me rindo. Yo voy a dejar que tú hagas lo que tengas que hacer en mi vida".

ME RENDÍ A DIOS

Tú llegas a un punto en tu vida donde quieres dejar de pelear, no tanto con los demás, sino contigo misma. Yo sabía muy dentro de mí que mi peor enemiga era yo. No era Joe ni los demás; yo era mi mayor temor y mi peor enemiga. Tú puedes culpar a todos los demás, pero el que tiene el problema eres tú. Tienes que llegar a ese punto donde puedas decir: "Yo lo rindo todo". La vida no es acusar a los demás de las cosas que están yendo mal, es sobre rendirse al Señor y echar hacia adelante. Hay un verso en Filipenses 3:13 que dice: "...*pero una cosa hago: olvidando ciertamente lo que queda atrás, y extendiéndome a lo que está delante...*". Muchas veces ese es el problema con nosotros: queremos hacer muchas cosas, en vez de hacer una cosa a la vez. No es fácil dejar ir las situaciones, pero es posible si se las dejamos a Dios.

Dios comenzó a cambiarme. Él comenzó a operar en mi vida de tal manera que dolía mucho, pero yo quería dejarle hacer lo que fuera para transformarme. Yo quería que mi matrimonio tuviera sentido y éxito, y que fuera un ejemplo. Yo había sufrido una operación muy dolorosa y con una intensa recuperación, pero eso no fue nada comparado con la operación que Dios estaba haciendo en mí. Esta tenía que ver con mi corazón, mis emociones, mi autoestima y todo lo demás que iba con eso. Fue verdaderamente duro porque Él también trabajó con mi orgullo.

Algo pasaba lentamente en mi vida; un cambio tomaba lugar dentro de mí y era bueno. Ya pelear no era mi interés principal; ahora era hacer todo lo mejor que pudiera. Había momentos en los que quería pelear, pero Dios siempre me chequeaba. Yo mordía mi lengua y decía: "No, yo escojo no pelear y ser diferente". Yo siempre le pedía a Dios que me ayudara y me diera la fuerza que necesitaba. Yo no era perfecta, pero estaba tratando de ser una buena esposa. Joe estaba notando el cambio que tomaba lugar en mi vida, y le pidió a Dios que lo que fuera que estuviera pasando en mi vida, Él lo quería en su vida también.

Un día Joe me dijo: "Yo te prometo que nunca te recordaré tu pasado". Yo dije: "Yo prometo que haré lo mismo". Desde ese día en adelante, nosotros nunca nos recordamos el uno al otro nuestro pasado. Nosotros damos seminarios para matrimonios y cada vez que alguien viene para consejería, ese es el mayor problema: el pasado. Es lo mismo en la iglesia. Cada persona que viene para consejería usualmente es por su pasado. Sería maravilloso si la gente viniera queriendo escuchar de su futuro. Nosotros los cristianos tenemos que creer lo que dice la Palabra de Dios. Él ha hecho una nueva creación; las cosas viejas pasaron. Es un verdadero trato con Dios, cuando Él dice que ha tirado tu pasado en el océano, entonces ya está hecho. Si Él dice que tan lejos está el este del oeste, le tenemos que creer a la Palabra de Dios, pero a veces queremos poner nuestra opinión y volvemos al pasado. Tú sabes que Dios ya lo enterró, así que déjalo allá porque hiede. No trates de desatar las porquerías porque eso es lo que son, porquerías.

Algunas personas se creen la última Coca-Cola en el desierto aún teniendo un pasado. Ellas vienen a ser personas disfuncionales a quienes ni siquiera se les puede hablar o decirles algo por el orgullo que hay en ellas. Yo les digo a esas personas que de vez en cuando sí es bueno que recuerden su pasado, de manera que se mantengan humildes y agradecidos con lo que Dios ha hecho en sus vidas. Yo nunca quiero olvidarme de dónde Dios me sacó. Quiero permanecer humilde y siempre agradecida. Dios ha sido tan bueno conmigo porque Él es bueno y nadie ha hecho lo que Dios ha hecho en mi vida. Eso me da una razón para siempre seguir a Dios.

Nuestro matrimonio estaba más o menos bien, no fabuloso, pero ¿quién tiene un matrimonio grandioso? Todos pasamos por procesos. No son fáciles, pero son posibles cuando contamos con Dios. Eso es lo que la Palabra de Dios dice: *"...mas para Dios todo es posible"* (Mateo 19:26). Eso le da esperanza a las personas y nos daba esperanza a nosotros.

La bendición de ser madre

En septiembre de 1973, me sentía realmente enferma, vomitando sin poder mantener nada en mi estómago. Era horrible. Algunas veces no podía levantarme de la cama, así que Joe dijo: "Yo te voy a llevar al doctor". El doctor me sacó sangre y esperamos por los resultados durante más o menos una hora. Finalmente el doctor vino con los resultados. Él no se veía feliz, pero tampoco se veía triste. Yo solo pensaba: "¿Qué estará pasando con mi cuerpo?". Yo tenía un poco de miedo. La gente decía que después que dejabas las drogas, el infierno se soltaba porque cuando estás usando heroína, tú no sientes nada. Si algo físico andaba mal, yo no lo podía saber. Eso fue lo que me pasó cuando aquellos tipos me golpearon. Mi riñón paró de funcionar, pero yo no sentí ningún dolor porque la heroína me calmó el dolor. Así que ahora yo estaba pensando: "Ahora que estoy limpia, todo va a empezar a ir mal en mi cuerpo".

El doctor nos dijo que entráramos y nos sentó. Él sonrió y eso me dio paz. Entonces dijo: "Sr. y Sra. Rosa, ustedes van a ser padres". Yo dije: "¿Qué?". Joe se sonrió y estaba bien contento. Yo dije: "¿Qué fue lo que usted dijo, doctor?". Él respondió: "Estás embarazada". Todo lo que yo podía hacer era mirar al doctor y preguntar: "¿Cómo pasó eso?". Y él dijo: "Tú sabes cómo pasó". Yo comencé a reír y a llorar a la misma vez. Yo reía porque Dios había hecho lo imposible en mi cuerpo; Él me había sanado. Joe y yo nos miramos y nos abrazamos. No podía creer lo que había escuchado: era un milagro. Sabía que Dios era real, pero ahora estaba convencida de que verdaderamente era real. Solo Dios podía hacer algo tan grandioso como eso y mostrarme así cuánto Él me amaba. Él estaba permitiendo que yo me convirtiera en madre.

Nosotros estábamos felices esperando por nuestro bebé. Unos años atrás, Joe y yo habíamos ido a una reunión a escuchar a esta mujer predicar mientras estábamos en Puerto Rico. Ella era un poco rara, pero tenía buena Palabra. Yo recuerdo que el último día, fui al frente a recibir. Yo no recuerdo por qué, pero fui. Ella me impuso manos, oró por mí y dijo: "Tú serás normal como cualquier otra mujer y eres sanada". Yo me había olvidado de ese día hasta que el doctor me dijo que iba a tener un bebé. Dios usó esa mujer para traer esa Palabra a mi vida y, a través de su unción, Dios honró mi vida. ¿No es Dios maravilloso? ¿Cómo no le vas a servir a un Dios así? ¿Cómo no vas a amar a un Dios así? Ha sido maravilloso.

Capítulo 10

LA ENTREGA A DIOS
LO VALE TODO

AHORA YO ME iba a convertir en mamá. ¿Cómo lo iba a hacer? Yo no sabía cómo ser una madre. Entonces empecé a tener malestares matutinos y era horrible. Yo me quedé en la cama durante casi los nueve meses, con muchos malestares. Nada de lo que yo trataba de comer se quedaba en mi estómago. Yo quería que terminara el embarazo porque no era nada placentero. ¿Por qué Eva tenía que pecar? Eso era todo lo que yo pensaba durante los nueve meses.

El 30 de junio de 1973 nació nuestra hija, Mónica. Al principio, ella era una bebé pequeña y fea. Cuando la vi por primera vez, pensé en un pollo mojado, pero luego se convirtió en una hermosa joven. Joe fue el que escogió su nombre. El director del programa de los jovencitos tenía una nena y su nombre era Mónica. Ella quería mucho a Joe y Joe a ella, y por eso él le puso su nombre a nuestra hija. Nosotros amábamos mucho a nuestra bebé; ella era nuestro orgullo y gozo. Era el centro de nuestras vidas después de Jesús, claro. Significaba el mundo para nosotros. Los niños del orfanatorio también amaban a nuestra Mónica; ella era el centro de atención de aquel lugar. La esposa de nuestro amigo era enfermera y también trabajaba con nosotros. Ella fue una bendición porque nos ayudaba y nos enseñaba cómo cuidar a nuestra hija.

Era maravilloso ser mamá. A mí no me gustaba la idea de levantarme dos o tres veces por las noches, pero mi esposo estaba allí para ayudarme. Tuve que quedarme en el hospital después que tuve a Mónica porque me hicieron una cesárea, ya que el canal de nacimiento era muy estrecho y no le iba permitir a la bebé nacer. Recuerdo que Joe llevó a Mónica a casa porque tuve varias complicaciones y el día que llegué fue maravilloso porque ahora yo era mamá. Mi esposo me había comprado flores y unas sábanas de seda. Mi habitación estaba preciosa. Joe era realmente un buen hombre y un gran esposo. Dios me había bendecido con este hombre de Dios. Joe era lo mejor que me había pasado en mi vida después de Jesús, y ahora mi familia se completaba con Mónica, que era un personaje. Ella era divertida y bonita. Solo escribir esto me trae tantos recuerdos que todavía están vivos en mi mente y que nunca olvidaré.

Nueva puerta: Hope Christian Center en Ohio

A dos años de nosotros estar en el orfanatorio, Dios le habló a Joe sobre irse a trabajar con hombres en el Centro Cristiano de Esperanza (*Hope Christian Center*) en Bronx, New York. Déjenme contarles cómo esa puerta se abrió para nosotros.

Joe fue de viaje a Nueva York y allí conoció a Sammy Santos, a través de un amigo nuestro. Cuando regresó, me dijo que le habían preguntado si quería trabajar en un programa de hombres en Ohio. En *Hope Christian Center* querían que nosotros comenzáramos un programa allá. Le dije a Joe que si él sentía que eso era lo que Dios lo estaba llamando a hacer, que lo hiciera. Oramos por eso y Joe sintió que era lo que debía hacer. Ese programa iba a ser la segunda fase de lo que tenían en Nueva York. Los muchachos llegarían en más o menos tres meses y terminarían el resto del programa en Ohio. El director ejecutivo, Sammy Santos, fue con Joe a Ohio a conocer unas cuantas personas y a tener reuniones de la junta. Cuando Joe regresó, me dijo que nos íbamos a quedar con una familia hasta que encontráramos dónde vivir.

Cada vez que Dios abre una puerta es porque te quiere llevar por un proceso. Dios siempre sabe lo que hace y cuándo lo hace. Es siempre para enseñarte algo y sea lo que sea que quiera enseñarte, es para tu propio beneficio. Dios es muy sabio. Tú no puedes correr de lo que Dios quiere enseñarte. Posiblemente no te parece que usa para ti la mejor manera de captar tu atención, pero cuando lo hace, es porque es la única manera en que Él cree que debe hacerlo. Así que cualquier cosa que Dios hace en nuestras vidas es porque Él sabe que podremos manejarlo. Yo puedo asegurarte una cosa. Si tú y yo escogiéramos obedecer a Dios en lo que fuera que Él nos pusiera, nuestro interior se llenaría de la sabiduría de quién Dios realmente es. Sería más fácil entender su propósito en nuestras vidas. Solamente entonces podríamos completar la voluntad de Dios en nosotros, en ese momento en particular.

Nosotros nos mudamos a Ohio, a una ciudad llamada Coshocton. No había más que *amish* y menonitas viviendo allí. La gente amish fueron realmente una bendición en nuestras vidas y los menonitas fueron de gran ayuda. ¡Esa experiencia fue tan diferente para nosotros! Aprendí a amar a esta gente y aprendí mucho de ellos, como a sembrar maíz, vainitas, manzanas, melocotones y muchas otras cosas. Yo hasta aprendí a hornear, así que mi tiempo en Ohio fue bien provechoso. Hubo muchas cosas que me tomó tiempo aprender y otras que no entendí. Hubo algunas cosas que pensé que eran injustas y me parecía que no estaban bien, pero aprendimos cosas que teníamos que experimentar en nuestras vidas. Hay un buen verso en la Biblia, Romanos 8:28 que dice: *"Y sabemos que a los que aman a Dios, todas las cosas les ayudan a bien, esto es, a los que conforme a su propósito son llamados"*. Claro que yo no entendía en ese entonces, pero más tarde en la vida las entendí. Estaba pasando por muchos cambios en mi vida cristiana, así como por muchas lecciones que tenía que aprender.

El ministerio encontró una casa en una propiedad grande que necesitaba mucho trabajo. Un mes más tarde manejaron con cinco muchachos que habían estado en el programa en Nueva York. Vinieron a ayudar y a ser parte del programa. Nosotros trabajábamos duro en esa finca; esa casa era muy vieja. Yo creo que tenía más de cien años, así que imagínense qué tan destruida estaba. Nos tomó unos meses hacer que luciera como la queríamos. Hay buenos recuerdos de esos tiempos y de ver cómo Dios siempre suplía toda necesidad que teníamos.

Yo no estaba involucrada porque tenía que cuidar la nena, así que no había mucho que pudiera hacer. De vez en cuando les cocinaba y a ellos le gustaba eso. Yo siempre les decía que fueran fieles a Dios porque Dios siempre les iba a ser fiel. Conocí tantos hombres en ese centro. Era una recompensa ver cómo a algunos de esos hombres les iba bien cuando salían del programa.

Nosotros nos apegamos a ellos porque nos convertimos en sus familiares. Era triste ver a algunos abandonar el programa. Eso me rompía el corazón porque yo sabía a lo que iban a volver y no valía la pena, pero ellos tenían libre albedrío para elegir lo que querían. Algunos de ellos realmente tenían una mala actitud; no les importaba nada. Dios les estaba dando una segunda oportunidad y a ellos no les importaba. Ellos habían desechado toda posibilidad de esperanza para ellos. ¡Si ellos tan solo supieran lo que Dios podía hacer por ellos y a través de ellos!

La gente pasa años dañando sus vidas y pretenden que todo eso cambie de un día para otro. Eso no funciona así. Sería grandioso si fuera así, pero todo es un proceso y toma tiempo. Nosotros queremos que la vida sea tan fácil como comprar una lata de sopa de pollo que podemos llevar a casa y calentarla. Una vez la sopa está caliente, nos la comemos. No queremos atravesar por el proceso de hacer una sopa de pollo casera. ¿Por qué? Porque es mucho trabajo. Tú tienes que cortar el pollo y hervirlo, cortar los vegetales y sazonarlos. Es mucho trabajo. ¿Qué hacemos? Compramos sopas enlatadas porque es mucho más rápido y fácil. La gente siempre trata de encontrar una salida fácil para evitarse problemas; queremos todo fácil y la vida no es fácil. En la vida cristiana oras, confías en Dios y esperas.

Así era en estos programas. Los muchachos pretendían que las cosas pasaran en sus vidas para ayer. Entonces había aquellos que estaban en el programa por unos cinco a seis meses y creían que estaban preparados ya para enfrentar el mundo. Nosotros tratábamos de decirles que todavía no estaban listos para lo que había allá afuera; que el vecindario estaba peor que cuando ellos lo habían dejado y que si algo había cambiado en las calles era que se había puesto peor. Pero la gente toma sus propias decisiones.

Nos quedamos en ese ministerio por unos cinco años. En ese proceso, aprendí a amar a las personas no por lo que yo veo, sino por como Dios los ve. Dios ama con un amor incondicional y eso era algo que Dios me estaba enseñando a mí personalmente. Así como para todos los demás, nada era fácil y muchas veces me pregunté: ¿Por qué tengo que aprender esto? ¿Por qué Dios me está haciendo atravesar esto? Muchas veces sentí que realmente no necesitaba hacer eso y que era duro y raro, pero creo que Dios sabía exactamente lo que necesitaba en mi vida y qué necesitaba aprender de Él. No todo lo que Él enseña o quiere hacer en nuestras vidas es placentero. Yo pensé que la cristiandad era tener a Dios en tu vida y eso era todo, pero ¡qué errada estaba yo al pensar así! Si no hubiera sido por las lecciones aprendidas hasta este punto, yo no estaría escribiendo este libro.

Mi caminar cristiano ha sido nuevo y he aprendido mucho, pero no ha sido fácil llegar a donde estoy en este momento. Ha sido largo el viaje y ¿adivina qué? Todavía estoy en ese viaje porque no paras hasta que mueres. Tú puedes salir de este viaje triunfante o perdedor; todo está en ti. Yo pude haber tirado la toalla hace mucho tiempo, pero no lo hice porque los ganadores no se rinden, solo los perdedores lo hacen. Puedo mirar atrás y decir que trabajar con adictos a la droga y todo tipo de personas me ha dado muchas recompensas. Una vez tú miras atrás a todo lo que has hecho para Dios y todas las personas que has tocado con tu vida, solo puedes pensar en una palabra y es gratitud. Estoy muy agradecida por la misericordia de Dios sobre mi vida. Puedo hacer en otros lo que Dios ha hecho conmigo. Trabajar con adictos no es fácil, pero alguien estuvo ahí para mí. Mucha gente dio su dinero para este ministerio y también su tiempo. Muchas de esas personas no sabían que yo era un producto de su benevolencia. Nuestra recompensa era los muchachos que estaban logrando salir de su adicción y que estaban sirviendo a Dios con todo su corazón.

Nosotros tuvimos altas y bajas en este ministerio, pero lo valía todo. Después de cinco años en el ministerio, sentimos que nuestro tiempo allí se estaba acabando, así que le preguntamos a Dios qué quería que hiciéramos y cuál era nuestra próxima parada. Empezamos a orar para que otra puerta se abriera. No teníamos idea de qué sería lo próximo en nuestras vidas.

Para ese tiempo tuvimos otro bebé y su nombre es Ephraim. Él era un bebé hermoso y estábamos agradecidos por su vida. Él trajo gozo a nuestras vidas, tal como lo hizo Mónica. Es asombroso cómo Dios hace las cosas. ¡Pensar que cinco años antes de que mi hijo naciera yo estaba en un centro de rehabilitación, tratando de poner mi vida en una sola pieza, pensando que no había esperanza alguna para mí! Por tanto tiempo escuché a gente diciendo que yo nunca cambiaría, pero ¿sabes qué? Dios tuvo algo diferente qué decirme. Me dijo: "Sí, hay esperanza para ti, si tú me das la oportunidad". Yo estoy contenta de que se la di porque si no se la hubiera dado, no habría tenido a Joe y a mis hijos. Dios es bueno. Ahora yo estaba aprendiendo a ser mamá y eso era una tarea dura y todavía lo es. Aunque ya mis hijos están grandes, nunca paras de aprender cómo ser mamá.

Un día fui a la librería cristiana, tomé un libro y leí su parte de atrás. Realmente me pareció interesante porque era sobre una mujer que había vivido la misma vida que yo antes de conocer a Cristo. El nombre del libro era *"Señor, hazme llorar"*. Yo me llevé ese libro a casa, lo empecé a leer y fue una bendición en mi vida. Cuando terminé este libro, me dije: "Me gustaría conocer a esta mujer". Su vida fue de gran inspiración para mí. Ella tenía un programa para mujeres y sonaba bien exitoso. Yo le decía a Dios: "Me gustaría trabajar con mujeres". Le dije a Joe sobre este libro y cómo había ministrado a mi vida. Compartí con él sobre lo emocionante que sería hacer lo que ella estaba haciendo.

Otro día Joe vino a casa y dijo: "En *Hope Christian Center* quieren que renunciemos y que vayamos a trabajar con este muchacho en Nueva York". Yo dije: "No quiero ir a Nueva York. No me puedo imaginar viviendo allí y llevar a mis hijos allá". Lo había hecho una vez cuando mi hija estaba pequeña y pasé por situaciones desastrosas, como vivir en un edificio abandonado. Nosotros no teníamos muebles, sólo un colchón de tamaño *queen* en el piso, y en el invierno no teníamos calefacción y estaba bien frío. Dormíamos a Mónica entre nosotros para mantenerla caliente. Yo odiaba vivir allá, pasamos tiempos difíciles, pero bien adentro sabía que Dios estaba enseñándonos algo. A mí no me gustó pasar por lo que pasé, pero era un proceso en mi vida. Todos pasamos por procesos de enseñanza. No es una manera fácil de aprender, pero a todos nos pasa y no podemos escapar de ellos.

Yo nunca olvidaré un incidente. Estaba cocinando, puse a Mónica en su cuna para una siesta y cerré la puerta. De repente, oí un ruido, me volteé y vi un gato bien grande, pero cuando lo vi mejor no era un gato, sino una rata. Yo brinqué encima de la estufa y allí me quedé hasta que Joe volvió a la casa. Debo haberme quedado allí por 2 ó 3 horas y lo más grandioso fue que Mónica se quedó dormida por un largo rato. Cuando Joe entró y me vio encima de la estufa, preguntó: "¿Qué rayos estás haciendo tú ahí arriba?". Comencé a llorar y dije que había una rata alrededor de la basura. Joe no le tenía miedo a las ratas. Le dije: "No me bajo de aquí hasta que tú mates la rata". Así que comenzó la guerra entre Joe y la rata, y yo estaba gritando como una loca porque tenía mucho miedo. Esas ratas pueden saltar bien alto y yo creía que iba a partir a mi esposo en pedazos. Sabía que eso no iba a pasar, pero esa rata estaba peleando por su vida. Finalmente, Joe ganó, la rata estaba muerta y yo estaba feliz. Dije: "Joe, odio este lugar y odio Nueva York. Yo me quiero ir de aquí". Semanas más tarde, nos fuimos a Ohio.

Nosotros seguimos orando para que Dios abriera la puerta correcta para nosotros. Muchas puertas pueden abrirse, pero tienes que atravesar la correcta.

Capítulo 11

SUEÑO CUMPLIDO:
NUEVA VIDA PARA MUJERES

Yo estaba haciendo los oficios en la casa cuando el teléfono sonó y al otro lado estaba Cookie Rodríguez, la autora del libro que había terminado de leer. Yo no lo podía creer; estaba hablando con la mujer que había bendecido tanto mi vida. Ella dijo que había escuchado mucho hablar de nosotros y que Dios le había puesto a nosotros en su corazón y quería hablarnos. Nos dio su número de teléfono y dijo que Joe la llamara cuando llegara a la casa. Yo le hablé a Joe de su llamada y de nuestra conversación. Es tan gracioso porque lo que me preguntó fue: "¿Tú estás segura de que fue ella?". Le dije: "Sí, era ella, yo no estoy loca". Yo le dije que ella había dejado su número de teléfono y quería que él la llamara. Nosotros nos miramos sorprendidos y todo lo que yo dije fue: "Si eso no fue Dios, yo no sé qué fue lo que pasó hace unas horas". Todo lo que pasaba por mi cabeza era que Dios me amaba tanto que respondía los deseos de mi corazón. Yo estaba sorprendida de cómo Dios contestaba nuestras oraciones para que se abriera una puerta. Esta puerta estaba abierta por lo menos hacía un mes.

Joe la llamó y ella dijo que quería conocernos y hablarnos de irnos a trabajar en el ministerio llamado *Nueva vida para mujeres* (*New Life for Girls*). Cookie Rodríguez era la fundadora de este ministerio, un programa bien establecido. ¡Yo estaba tan emocionada e ilusionada de pensar que esto pudiera suceder! La Biblia dice que si somos fieles en lo poco, Él nos pondrá en lo mucho. Sé que esto era Dios diciéndonos que Él tenía todo bajo control. Dios tiene nuestras vidas en la palma de su mano. Cuando Dios te tiene en la palma de su mano, tú estás bien. Yo sabía que mi Dios estaba cuidándonos. Él siempre cuida de sus hijos. Nosotros teníamos una cita para ir a conocer esta mujer, la que yo consideraba una mujer de Dios. Yo respetaba profundamente a Cookie Rodríguez, no por quien ella era ahora, sino por quien ella había sido.

A Pensilvania

El día finalmente llegó e íbamos de camino a conocer a Cookie Rodríguez. No era muy lejos de Ohio, como unas dos horas más o menos. Mientras íbamos manejando, le dije a mi esposo: "Esto no es nada más que campo". Nunca supe que había lugares hermosos como este, bueno, las únicas veces que vi un lugar parecido a Pensilvania fue en la parte norte del estado de Nueva York. Así que Pensilvania era maravilloso y me dije: "Yo podría vivir aquí y criar a mis hijos fuera de toda la maldad, aunque la maldad estuviera alrededor de nosotros". Llegamos y así como íbamos manejando hacia donde estaba el programa, no podíamos creer lo bello y grande que era el edificio ni a dónde Dios nos había traído. Lo más impactante era que ya estaba todo terminado. No teníamos que empezar de cero. Cuando entramos a la oficina, pedimos hablar con Cookie Rodríguez porque teníamos una cita con ella. Mientras esperábamos, me parecía increíble que tan solo hacía unas semanas estaba leyendo el libro de Cookie y aquí estábamos esperando que ella nos llamara a su oficina. ¡Dios es grandioso! Esperamos por unos quince o veinte minutos antes de que nos llamara. Entramos, nos dio la bienvenida y extendió su mano, invitándonos a tomar asiento. En ese momento me sentía como en un cuento de hadas o un sueño hecho realidad. Nosotros conversamos y ella preguntó si queríamos trabajar con ella. Compartimos con ella que habíamos estado orando para que una puerta se abriera para nosotros y que ahí fue cuando ella nos llamó, así que le dijimos que creíamos que Dios había abierto una puerta como respuesta a nuestras oraciones.

Ella nos mostró la propiedad. Era un lugar grandioso y hermoso. Después nos mostró dónde íbamos a vivir. Era bien bonito y le preguntamos para cuándo nos quería en aquel lugar. Ella dijo que tan pronto pudiéramos arreglar todo, nos podíamos mudar. Yo estaba muy emocionada y lista para trabajar con esas mujeres. Yo sabía que iba a estar aprendiendo algo nuevo en mi vida.

Nosotros regresamos a la casa a empacar para comenzar nuestra nueva vida en Pensilvania. Muchas personas no querían que nos fuéramos, pero teníamos que hacer lo correcto y lo correcto era mudarnos a Pensilvania.

Después de más ó menos un mes, estábamos de camino a nuestra nueva aventura. Me tomó un tiempo desempacar y asentarme. Nosotros empezamos a entrenarnos y después de un mes más o menos, nos dieron un horario de las cosas que debíamos hacer. Desde por la mañana hasta por la tarde estábamos ocupados. Para las ocho a nueve de la noche, estábamos exhaustos y listos para ir a la cama. Como yo tenía a mis hijos, no trabajaba en el ministerio a tiempo completo. Desde la mañana hasta la una de la tarde, estaba bastante envuelta con la vida de las muchachas y realmente lo disfrutaba. Yo tenía una buena relación con todas ellas. Nunca tuve un problema con ninguna persona allí.

NUEVO CENTRO EN CALIFORNIA

Un año pasó antes de que nos preguntaran si queríamos ir a California a abrir un centro de rehabilitación. Nosotros oramos sobre esto y antes de que nos diéramos cuenta, íbamos de camino a California. Allí conocimos personas que patrocinaban el ministerio. Nosotros alquilamos una casa bonita para *Nueva vida para mujeres* y nos enviaron a dos muchachas que trabajarían con nosotros como consejeras.

Nosotros vivimos con las muchachas por un tiempo hasta que el ministerio se pudo levantar. Pasamos muchas experiencias trabajando allí; de nuevo teníamos nuestras altas y bajas. Una cosa era segura, tenía su recompensa. Muchas de las muchachas que pasaron por ese centro lograron rehabilitarse. Recuerdo a una muchacha en particular. Eran como las tres de la mañana y sonó el teléfono. Era esta muchacha que quería ayuda. Ella no decía nunca dónde estaba, así que no la podíamos ir a recoger. Cada vez que llamaba estaba endrogada, así que no le podíamos entender nada de lo que decía. Finalmente tuve éxito en que me dijera su nombre. Era Jennie, a menos que me estuviera mintiendo. Jennie nos llamaba casi todas las noches y yo empecé a sentir una carga por ella. Yo realmente quería que esta muchacha buscara ayuda y quería desesperadamente conocerla.

Una de esas noches ella llamó y nos pidió que la recogiéramos. Ella estaba en una dirección en el lado malo de Fresno, pero nosotros fuimos y no nos importó dónde era. Vine de un vecindario malo, así que lugares como estos no me daban miedo para nada. Joe y yo fuimos, era un bar. Joe me dijo: "Tú espérame aquí. Voy a entrar a buscarla". Después de unos cinco a diez minutos, él salió con ella sobre sus hombros. Ella no tenía nada puesto de sus caderas a su cabeza. Estaba desaliñada y completamente endrogada. Joe le había preguntado si quería venir con nosotros y había dicho que sí. Nosotros la llevamos a casa, yo le di un baño, le puse ropa limpia y le di un café. Después la llevamos a dormir.

A la mañana siguiente, le pregunté si ella recordaba algo y me dijo que sí. Le pregunté qué recordaba y me dijo que recordaba habernos llamado y habernos pedido que la fuéramos a buscar. Este es un hogar donde vienes voluntariamente si tú quieres y puedes irte si no quieres estar allí. Ella dijo que estaba agradecida de que nosotros hubiéramos ido a recogerla a pesar de que el vecindario no era nada bueno.

Jennie estuvo en el hogar por dos semanas antes de que dijera que quería irse. Le dije a Jennie que lo pensara muy bien antes de irse, pero ella dijo que esa era su decisión. Nosotros no la podíamos aguantar o amarrarla, lo que realmente yo quería hacer, pero ella tenía libre albedrío. Estaba en ella si quería dañar su vida. Algunas veces yo me quería meter adentro de estas muchachas y zarandearlas, diciéndoles: "Dios te está dando una oportunidad, no la desaproveches". Pero no podía, ellas tenían que decidir por ellas mismas y cualquiera que fuera la decisión que tomaran, ellas tenían que vivir con las consecuencias. Así que cuando Jennie se fue, yo sentí una carga muy pesada. Sentí como si esta fuera su única oportunidad.

Unos días más tarde ella llamó y preguntó si podía regresar. Le dije: "Claro que sí, nosotros estamos aquí para ti". Fuimos a recogerla y estaba endrogada. Esta vez solo la dejamos dormir. Dos semanas pasaron y ella no se fue. Parecía que le estaba yendo bien. Después de un mes, quería irse y hablamos con ella, pero estaba determinada. Eso me rompió el corazón y esta vez lloré por Jennie. La quería como si fuera mi propia hija y sentía una carga por ella. No podía entender lo que yo sentía, pero quería que ella lo lograra. Quería que ella llegara a ser la linda joven que Dios esperaba que ella fuera, pero si ella no quería eso para su vida, entonces Dios respetaba su decisión. Cuando la vi salir por segunda vez, todo lo que yo podía decir era: "Dios, protégela".

Dos semanas pasaron, un mes pasó y no se sabía nada de Jennie. Como dos o tres meses después, Jennie estaba llamando de nuevo y como la primera vez, balbuceaba palabras sin sentido. Esto pasó por un tiempo, pero no recuerdo cuánto tiempo fue. En una de las llamadas de Jennie, yo le dije que si ella no ponía todo en su lugar, no lo podría lograr; que ella moriría ahí afuera en las calles. A ella no le importaba lo que le pasara.

Después de unos cinco a seis meses, Jennie llamó y dijo que quería regresar. Esta vez nosotros le dijimos que ella tendría que encontrar la manera de llegar. Nosotros queríamos saber qué tanto quería volver al centro. Ella llegó y esta vez se veía muy mal. Ella se veía mal la primera vez, pero ahora se veía horrible. Yo siempre decía que Dios era un Dios de segundas y terceras oportunidades. Dios no se rinde con nosotros; nosotros somos los que nos rendimos con Él. Dios es un padre amoroso y como todo padre, siempre quiere lo mejor para nosotros. Sabía que Dios quería lo mejor para Jennie y que Él tenía un propósito para su vida.

Dos semanas pasaron, un mes pasó, tres meses pasaron, y más o menos en el quinto mes, Jeannie se fue de nuevo, pero esta vez por más o menos siete u ocho meses. Una cosa era segura: ella llamaba una que otra noche, si no todas las noches. Al final del octavo mes, Jeannie volvió y esta vez le dije: "Si te vas, no vas a volver aquí". No podía creer que le estaba diciendo esto, pero no podía permitirle seguir jugando esos jueguitos. Jennie se quedó y fue a la segunda fase del programa en Pensilvania. Se graduó del programa y se quedó como consejera. Veinte años han pasado y Jennie está todavía sirviéndole a Dios. Ahora ella es la directora de la casa de California.

Dios hizo un milagro en ese entonces y todavía lo puede hacer porque Él es el mismo ayer, es el mismo hoy, será el mismo mañana y por siempre. Si Él pudo cambiar mi vida, yo sabía que podía cambiar la de Jennie. Cuando Dios tiene un propósito contigo, Él lo va a cumplir. No hay nada que Dios no pueda hacer. ¡Él es maravilloso!

Centro en Arizona

Cookie (Irma) Rodríguez, la fundadora de *Nueva vida para mujeres,* nos llamó un día y nos dijo que nos necesitaba en Arizona porque ese centro tenía problemas y ella no quería cerrarlo. Joe y yo oramos para saber lo que Dios nos decía y Dios dijo: "Vayan". Empacamos e íbamos de camino a Arizona. Yo no tenía idea de dónde quedaba o cómo era Arizona. Yo tampoco sabía que era tan caliente. Fresno era caliente, pero había algo de frío. Arizona era otra cosa.

Nosotros llegamos a nuestra casa y no lo podíamos creer; era hermosa, de dos pisos, y tenía una piscina al frente. Adentro tenía una habitación bien grande y otro espacio que lo preparamos como el cuarto de los niños. Teníamos que vivir con las muchachas en el piso de arriba. Estábamos cómodos. La gente que la vivían se iban y hasta nos hicimos amigos. Teníamos unas cuantas muchachas y disfrutábamos lo que hacíamos.

Nos quedamos en Arizona por cinco años, cuando de nuevo nos llamaron y dijeron que nos necesitaban en Puerto Rico para hacernos cargo del centro que estaba allá, al que no le estaba yendo muy bien. Nosotros oramos y Dios dijo: "Vayan". El ministerio envió una pareja a Arizona y nos fuimos dos meses después. Ahora mis hijos iban a tener que aprender español, lo que realmente me gustaba, y yo también podía aprender más de lo que en ese entonces hablaba.

A Puerto Rico

Cuando llegamos a Puerto Rico era como empezar todo de nuevo. La casa de Puerto Rico era hermosa y me gustaba estar allá, pero no me gustaba el calor. En este tipo de centro de rehabilitación, siempre había problemas y yo quiero decir grandes problemas. Llegamos allá y empezamos a trabajar. Las puertorriqueñas eran muy diferentes. Ellas eran más agresivas y violentas algunas veces. Tuvimos varias huidas de ese centro. Los teléfonos siempre estaban sonando, pero este día en particular, una de las consejeras me dijo que mi hermana estaba en el teléfono y que quería hablar conmigo. Lo primero que pensé fue que era mi hermana menor, Yolanda, diciendo que mi hermana Letty estaba muerta o en la cárcel o algo había sucedido. Yo no quería tomar el teléfono. Cuando has vivido ese tipo de vida, nunca sabes qué esperar, y a mi hermana pequeña Letty le iba muy mal. En ese tiempo, ellas estaban viviendo en Puerto Rico.

Dije: "¿Hola?". Era mi hermana Letty y Yolanda estaba con ella. Ellas solo querían hablar, pero sabía que estaban totalmente endrogadas. Lo podía oír en sus voces. Comencé a decirles que debieran darle una oportunidad a Dios en sus vidas y que no había ninguna otra manera, sino a la manera de Dios. Ellas escucharon y luego las oí decir: "*Ok*, nosotras vamos a tratar". Eso me alegró muchísimo. ¡Dios había contestado mis oraciones! El próximo día mis hermanas vinieron al centro y les dije que no iba a ser fácil y que no les iba a dar ningún trato especial. Ellas eran mis hermanas, pero iban a ser tratadas de la misma manera que las otras chicas. Iban a recibir disciplina si rompían algunas de las reglas. Si ellas estaban dispuestas, podrían empezar el programa. Ellas dijeron que estaban dispuestas a intentarlo.

Ellas iban de camino a la travesía de su vida. Era

realmente duro para las dos, así como lo era para cualquier mujer que entrara por esas puertas. Pero sabía una cosa: si realmente ellas deseaban un cambio en sus vidas, lo iban a lograr. Nadie las podría detener de recibir lo que Dios tenía para ellas. Se quedaron por unos tres a cuatro meses. Luego iban de camino a Pensilvania, que era la segunda fase del programa. Yo estaba tan orgullosa de mis hermanas. Estaban ahora en la fase final y les iba bien. Mi mamá estaba emocionada; ella era ahora la madre más feliz del mundo. Finalmente sus hijas iban por buen camino. No más lágrimas, no más noches sin dormir y no más preguntarse si estaban vivas o muertas.

Como dos meses después de estar en el programa en Pensilvania, mis hermanas salieron del programa. Ellas nunca dijeron por qué o qué pasó, pero fue un día triste para mí y un día horrible para mi mamá. Mis hermanas volvieron a hacer lo mismo: usar drogas. Esta nueva vida libre de drogas está hecha para personas que puedan tomar decisiones difíciles. Cada cual llega a un punto en su vida cuando tiene que enfrentarse a sus situaciones, hacerse cargo de ellas y tomar decisiones, sean buenas o no. Está en ti tomar una buena decisión; nadie la puede tomar por ti. Eso es algo que tienes que hacer por ti mismo. Hay decisiones que son duras de tomar, pero lo que haya que decir o hacer, está en ti. La vida no es fácil, pero como siempre dije: "Es posible, especialmente cuando tienes al Señor". La vida no es fácil, pero es mucho mejor cuando tienes a Dios en tu vida.

Llevábamos en Puerto Rico dos años y había sido una experiencia placentera, pero estábamos orando y preguntándole a Dios dónde nos quería porque sentíamos que nuestro tiempo en el ministerio se estaba acabando. No era que no amáramos ese ministerio, pero sentíamos que Dios quería que hiciéramos otra cosa. Nosotros no sabíamos qué era, pero orábamos para pedirle a Dios que nos guiara en la dirección correcta.

Capítulo 12

KING'S CHAPEL: PASTORADO EN ARIZONA

HABÍAN INVITADO A Joe a predicar en Phoenix, Arizona, así que él aceptó la invitación y salió por un fin de semana. Me dijo que cuando iba volando sobre Phoenix, de regreso a casa, Dios le había hablado y dicho: "Quiero que vuelvas aquí y comiences una iglesia". Cuando estaba compartiendo esto conmigo, solo lo miré y dije: "Ni siquiera sabemos pastorear". Él respondió: "¿Qué piensas que hemos estado haciendo estos últimos siete años en este ministerio?". Dije: "*Ok*, iré donde sea y haré lo que Dios te diga que hagas donde vayas". Él llamó al fundador del ministerio donde servíamos y le dijo que íbamos a renunciar porque Dios nos estaba guiando en otra dirección. Ellos estaban un poco molestos, pero entendieron que era Dios dirigiéndonos. Yo no sabía qué iba a pasar y a dónde nos íbamos a quedar, pero estaba confiando en Dios. Me recuerdo leyendo la historia de Abraham, cuando Dios le dijo que saliera de su zona de comodidad. Él tampoco sabía a dónde iba ni qué iba a pasar, pero todo lo que hizo fue obedecer y confiar en Dios. Así que eso era lo que yo tenía que hacer. No fue nada fácil hacer esto y muchas veces no sabía si confiar o no en Dios. Hasta dudé de mi esposo y me preguntaba si Dios realmente había hablado con él.

Joe se fue a Phoenix a resolver asuntos de último minuto. Cuando volvió, dijo que nos íbamos a quedar en la casa de un pastor. Joe hizo algunos trabajos en la iglesia y eso iba a pagar por la renta de la iglesia donde íbamos a empezar nuestra obra. Como en un año más o menos, empezamos a celebrar nuestros servicios. Comenzamos solo conmigo y nuestros hijos. Algunas veces fue deprimente y yo quise tirar la toalla tantas veces. Yo le preguntaba a Dios si realmente Él nos quería en Phoenix. ¿Era realmente Él quien nos había llevado allí? Todo parecía ir mal y sentí que nada estaba funcionando. Joe estaba predicando en otros lugares, así que eso ayudaba, y también hacía unos trabajos adicionales. Yo no podía ver cómo esto se iba a mejorar, pero seguíamos celebrando servicios solo nosotros cuatro: mis dos hijos, mi esposo y yo.

Un día después del servicio del miércoles, una joven mujer entró y dijo que estaba buscando una iglesia y que Dios la había dirigido a nosotros. Mi boca estaba completamente abierta mientras ella hablaba porque no podía creer lo que estaba escuchando. Antes de irse, ella dijo: "¿Ustedes tienen servicios los domingos?" Dijimos que sí y le dimos la hora de 1 p. m. porque teníamos que esperar que el servicio de las 10:30 a. m. terminara antes de que pudiéramos empezar el de la tarde. Ella dijo que allí estaría con nosotros el domingo.

¿Por qué será que nosotros ponemos tanto a Dios en duda y no le creemos capaz de hacer cualquier cosa? Su Palabra dice que lo que es imposible para nosotros es posible para

Él. Allí está y lo leemos tantas veces y hasta lo decimos, pero cuando viene la parte de creerle, la historia es diferente. ¡Qué triste que nosotros los cristianos tengamos que ser así! Dios puede hacer cualquier cosa; el problema somos nosotros, no Dios. Pienso que por eso Dios dice que debemos ser como niños porque los niños creen todo lo que se les dice. Después de que todo estaba preparado, yo estaba paralizada porque estaba cuestionando a Dios y no creyendo que Dios estaba en control de nosotros en Phoenix.

No podía esperar a que llegara el domingo para ver si realmente ella iba a venir. ¡Qué corazón lleno de dudas e incredulidad! Dios se presentó como Él siempre lo hace. El domingo llegó y allí estaba ella. Fue un servicio gozoso porque tuvimos nuestro primer invitado en la iglesia. Nosotros salimos a comer y la invitamos. Hablamos mucho y creamos una buena relación. Esa joven mujer vino a ser la secretaria de la iglesia.

Fui invitada a compartir en un desayuno de mujeres en Phoenix y compartí mi testimonio. Luego de mis palabras, esta mujer vino a mí y me preguntó si teníamos una iglesia porque a ella le gustaría visitarnos. Acababa de aceptar al Señor cuando hice el llamado en el altar. Le dije que teníamos iglesia los miércoles a las 7:30 p.m. y los domingos a la 1:00 p.m. Esta vez dije: "Gracias, Señor, porque creo que Joyce nos vendrá a visitar". Seguro allí estaba ella el miércoles y también el domingo.

Irene y Joyce fueron fieles viniendo a la iglesia y fueron de bendición. Poco a poco, la palabra se fue regando sobre nuestra iglesia y aún las personas que no iban a ninguna iglesia comenzaron a venir a la nuestra. Nunca le pedíamos a las personas que dejaran de ir a su iglesia y vinieran a la nuestra. Siempre les decíamos que debían hablar con sus pastores si ellos querían hacer el cambio, pero también sabíamos de personas que no lo hacían, y ¿qué haces con ellas, las echas de la iglesia? Yo sé de algunos pastores que lo harían y lo han hecho, pero nosotros no íbamos a ser así. La iglesia estaba creciendo poco a poco y eso era una bendición para la vida de las personas. Nuestro mayor deseo era estar allí para ellas, ayudarlas y darles ánimo.

Un día nuestros hijos dijeron: "No nos gusta esta iglesia porque no tiene niños". Yo no puedo recordar si fue Mónica o Ephraim. Joe dijo: "Bueno, vamos a orar para que Dios traiga niños". Cada noche, antes de que se fueran a la cama, incluíamos en nuestras oraciones que Dios trajera niños a nuestra iglesia. Dos meses más tarde, comenzaron a llegar familias con sus niños. ¡Mis hijos estaban tan emocionados de que Dios contestaba sus oraciones! Ellos nunca dudaron. Todo lo que ellos decían era: "No podemos esperar a que lleguen los niños".

Unos meses pasaron y Joyce dijo que ella quería que su esposo, Julio, viniera a la iglesia, pero que era imposible y que creía que nunca pasaría. Dijo que su esposo era duro y yo le dije: "Joyce, sabes que Dios puede hacer lo que Él quiera y lo que parece imposible para ti es ciertamente posible para Dios, así que solo confía en Dios que un día tu esposo estará aquí con nosotros". Dios lo hizo otra vez. Joyce vino con su esposo un domingo en la tarde y se sentó en la primera fila, donde Joe estaba predicando. Cuando Joe terminó de predicar, dijo: "¿Hay alguien aquí que quiere aceptar al Señor?". Joe estaba mirando a los ojos de Julio. Julio levantó su mano y ese día nació de nuevo y se hizo cristiano. Ese mismo hombre vino a ser nuestro líder de adoración y alabanza. Nosotros llamamos nuestra iglesia *King's Chapel*. Pasamos buenos momentos allí y fuimos pastores durante doce años.

Capítulo 13

EL LLAMADO
A MÉXICO

UN DÍA MARCOS WITT vino a nuestra iglesia a predicar. Él no era tan conocido como lo es hoy y dijo algo bien interesante: "Si ustedes no aprecian y aman a Joe y Ada, Dios los enviará a México porque en México nosotros los amamos y los apreciamos". Lo que Marcos Witt dijo realmente me sorprendió, aunque cuando viajábamos a México nos sentíamos amados y apreciados por la gente. Joe estaba recibiendo muchas invitaciones de ese país; algunas veces yo iba con él. La primera vez que fui, me enamoré de México y la gente era increíble. Yo amaba México e iba en cada oportunidad que tenía.

Una mujer le había dicho una profecía a mi esposo: "Lo que muchos dicen que nunca se va a hacer realidad, va finalmente a pasar". Casi todos los fines de semana, Joe predicaba en México o algún otro país de Latinoamérica. Algunas veces yo tenía que predicar aunque teníamos otras personas que predicaban en la iglesia, pero Joe quería que yo compartiera también. La primera vez que prediqué, yo creía que me iba a morir. No recuerdo lo que hablé; así de bueno fue. Muchas personas dijeron que disfrutaron mi prédica. Todo en mi vida cristiana ha sido un aprendizaje. Algunas cosas han sido fáciles de aprender mientras otras han sido duras de aprender, pero de todas maneras tenemos que estar abiertos al proceso de aprendizaje. Dios ha sido y es bueno.

Habíamos estado viajando a México durante tres años, y para este tiempo habíamos comprado nuestra primera casa en Phoenix. Era bien bonita y me gustaba; estaba contenta de tener mi propia cocina, mi espacio. Nosotros siempre habíamos vivido en centros de rehabilitación o en apartamentos pequeños. Ahora teníamos nuestra propia casa, nuestro propio cuarto, y también Mónica y Ephraim estaban muy contentos. Dios nos estaba bendiciendo y siendo fiel a nosotros; esa es la manera que Dios es. Yo estaba muy contenta por lo que estaba pasando en nuestras vidas.

Joe me dijo un día que iba a agrandar la sala y a convertirla en una sala formal y un comedor. Lo miré como que estaba loco y le dije: "No lo hagas". Él me preguntó: "¿Por qué?", le dije: "Porque no siento que vamos a estar aquí por mucho tiempo". Él dijo: "¿De qué estás hablando?". Le dije: "¿Recuerdas lo que Marcos dijo hace unos años sobre que Dios nos llevaría a México?". Él dijo: "Sí, bueno, yo siento que vamos a ir allá, *yeah*". Me miró como si estuviera loca y tal vez lo estaba, pero sentía algo muy especial cada vez que yo pisaba aquel lugar.

Una mañana escuché un fuerte ruido como si un camión se hubiera metido en nuestra casa y me desperté. No era un camión. Era mi querido esposo que había tirado abajo una pared. Era un sábado por la mañana, el único día que podíamos dormir tarde y relajarnos. Joe no sabía lo que la palabra relajarse significaba; siempre estaba activo.

No se sentaba tranquilo por un minuto y siempre estaba en algo.

Fui a la sala y había un hoyo grande en la pared. Dije: "¿Estás loco, qué estás haciendo?". Dijo que estaba haciendo la sala y el comedor que me había hablado. Solo lo miré y dije: "*Ok*, pero te dije que no vamos a estar aquí por mucho tiempo". Me reí y me fui a mi habitación a dormir, pero no me quedé mucho tiempo en la cama por todo el ruido que estaba haciendo. A Joe le tomó un año terminar esa habitación, pero tengo que admitir que le quedó hermosa. Nosotros disfrutamos esa habitación por un buen rato, pero un año más tarde decidimos mudarnos a México.

Nosotros íbamos manejando por Zacatecas, que es un bello lugar en México. Joe y yo estábamos hablando de mudarnos a México y dije: "¿Sabes? Como siempre hablamos de mudarnos y no lo hacemos, vamos a poner una fecha". Eso fue lo que hicimos; dijimos que para octubre del año siguiente.

Nos invitaron a Guadalajara a predicar en un seminario de matrimonios, así que fuimos y me gustó Guadalajara. Es la segunda ciudad más grande de México, siendo Ciudad de México la primera y Monterrey la tercera. A mí me gustó todo de Guadalajara: el clima y lo bonita que era. Después de sentarnos y hablar sobre esto, hicimos una reunión con los líderes de nuestra iglesia y les dijimos lo que habíamos decidido. No estaban sorprendidos, sabían que esto venía. Tuvimos una reunión privada con uno de los líderes que sentíamos que podía tomar el mando y ser el pastor. Estaba un poco sorprendido y no sabía qué decir. Era la última persona calificada, pero siempre era fiel con un corazón de siervo. Te pregunto: ¿Por qué querrías poner a alguien inteligente y que lo tiene todo bien, pero no tiene el corazón de Dios? De inmediato él quiso aprender cómo leer y ser capaz de estudiar la Palabra de Dios. Encontró un tutor que le enseñara y en menos de un año él estaba leyendo. Estaba como un muchacho porque había aprendido a leer. Estábamos tan contentos por él. Nosotros pusimos una fecha para hablar con la gente en la iglesia, pero mientras tanto mis hijos no estaban emocionados de ir a otro país. Ephraim era muy atlético y era bueno en cualquier deporte, pero soñaba con ser jugador de béisbol. Estaba enojado con nosotros por la decisión que habíamos tomado; sentía que lo estábamos alejando de lo que más amaba. Además dijo que iba a extrañar a sus amigos y ahora tenía que empezar de nuevo. Yo podía entender cómo se sentía porque era joven y sabíamos que se iba a sentir así. En ese tiempo, mi hijo tenía 15 años y mi hija 18.

Dejamos que la marea se calmara por unas semanas, y un día nos sentamos y hablamos sobre ello. Ellos entendieron que no tenían opción; tenían que irse. A mi hijo le tomó un tiempo aceptar el hecho de que íbamos a mudarnos a México. Mi hija estaba bien con esto; creo que ella estaba lista para un cambio en su vida. Había pasado por sus batallas ella misma, así que en ese punto estaba preparada para un cambio. Tuvimos nuestra reunión con la gente de la iglesia y les dijimos que nuestro tiempo en *King's Chapel* había terminado y que Manny sería su pastor porque sentimos que era lo que Dios quería. La gente estaba llorando y preguntando qué podían hacer para que nos quedáramos. Joe dijo que era tarde para llorar y que no podían hacer nada. "Nosotros nos vamos porque sentimos que eso es lo que Dios quiere que hagamos", les dijo a todos.

La gente estaba bien triste de que nos fuéramos, pero teníamos que hacer lo que Dios nos estaba diciendo que hiciéramos. La congregación nos celebró una fiesta de despedida en nuestro último servicio y estuvo bien bonita. Cantaron con nosotros y nos dieron una ofrenda de amor. Cada uno dijo algo sobre lo bendecidos que habían sido de tenernos como sus pastores. Fue un momento emocionante. Realmente se te rompe el corazón cuando conoces a alguien y luego tienes que partir; eso ha sido lo más duro que he tenido que hacer en este ministerio. Nunca ha sido fácil despedirme, en todos estos años que llevo como ministro. Por alguna razón, siempre pensé que Joe y yo debíamos ser pioneros. Levantábamos un ministerio o restaurábamos un ministerio y entonces nos movíamos después de un tiempo. A mí no me gustaba irme después que había conocido la gente; era como si alguien hubiera cortado un pedazo de mi corazón. Decir adiós no era divertido para nada, así que paré de decir adiós y ahora digo: "Te veo después". Suena mejor para mí y duele menos.

Los días para mudarnos a México se acercaban y no podía esperar por lo que Dios tendría para nosotros. Sabía de seguro que, fuera lo que fuera, sería excelente. Joe me preguntó por última vez si esto era lo que yo quería y le pregunté si esto era lo que Dios quería. Él estaba un poco inseguro porque teníamos un buen salario, dos carros y estábamos bien. Sabíamos que en lo natural era como dar tres pasos hacia atrás. Pero para Dios no hay retrocesos, hay adelantos; simplemente haz lo correcto en tu vida. La obediencia es muy importante en la vida cristiana. He aprendido que si obedeces y haces lo que Dios te está diciendo, Dios honrará eso en tu vida y con esa honra viene la recompensa. Esa es la manera en que Dios trabaja y así es que hace las cosas. Dios no está interesado en lo que pensamos o cómo vemos las cosas. Todo lo que Él quiere es que lo obedezcamos en todo lo que su Palabra dice. Si nosotros no obedecemos, entonces tendremos que vivir con las consecuencias y vivir con las decisiones que tomamos.

Conozco a muchos cristianos que quieren hacerlo a su manera y después se dan cuenta de que su manera no funciona. Es la manera de Dios o nada. Dios es un padre amoroso y no quiere más que lo mejor para nosotros. Algunas veces queremos ayudarlo un poquito, pero Él no necesita tu ayuda para nada. El momento en que tú metes la cuchara en lo que Dios quiere hacer, dañaste todo lo que Él tenía planeado. Dios no necesita tu ayuda; Él ha estado haciendo un buen trabajo hasta ahora. Tranquilízate y obedece.

No ha sido fácil para mí aprender las lecciones. A mí me ha costado mucho y en algunos momentos recibí muchos golpes. Aún pasando por todo esto, yo todavía soy cabeza dura. He aprendido a través de estos 40 años, que lo mejor es obedecer a Dios en lo que sea que Él nos mande a hacer o lo que quiera hacer con nosotros. Nos guardaría de muchos aprietos y dolores de cabeza. La mayoría del tiempo no es fácil, pero es posible si hacemos lo que necesitamos hacer y confiamos en Dios todas las cosas. Él tiene todo bajo control.

Dios es bueno. La Biblia te invita a que pruebes y veas que Dios es bueno. Si yo no lo hubiera conocido como lo conozco, nunca hubiera conocido la bondad de mi Jesús. Tienes que conocerlo para poder saber de lo que yo hablo. Tú tienes que experimentar la bondad de Dios en tu vida si no lo has hecho aún.

LLEGADA A MÉXICO Y
LOS PRIMEROS TIEMPOS

Ya estábamos en México y un mes más tarde fuimos a mirar dónde me sentiría bien viviendo y lo que íbamos a llamar hogar por el tiempo que Dios nos tuviera allí. Tenía tres opciones para escoger y una era la Ciudad de México. Estaba bien, pero era una ciudad muy grande cuyo tráfico era algo fuera de serie. Ir tan solo de un lugar a otro tomaba de dos a tres horas, cuando debía tomar tal vez quince minutos. No era para mí. Me recordaba a Nueva York, pero más grande. Había otro lugar llamado Monterrey y era bien bonito, pero muy caliente en el verano, como en los 90 y 100 grados Fahrenheit. El calor y yo no nos llevábamos bien. Además, tenía mucha influencia de los Estados Unidos y quería sentirme que había salido de allá. Quería experimentar México. El último lugar era Guadalajara. Ese lugar era hermoso y como a diecisiete horas de la frontera, lo que me parecía mucho mejor.

Llegamos a una casa que nos encontraron, pero que no habíamos visto. La parte de afuera se veía bien y el vecindario era atractivo. Para llegar allá, debíamos pasar por un acceso de seguridad. No que tuviéramos miedo, pero eso fue lo que nuestros amigos encontraron y lo que les había gustado. La casa era bien grande y no teníamos nada de muebles por el momento. Iba a tomar un tiempo para que pudiéramos llenar esta casa.

Nunca olvidaré el día que llegamos a Guadalajara. Fue el 1ro. de octubre. Yo estaba bien emocionada con nuestra nueva residencia. Cada paso del camino, Dios estaba cuidando de nosotros. ¡Qué grandioso es cuando tú sabes que Dios está contigo en cada paso del camino! ¿Qué más puedo decir que mi Dios es maravilloso y grandioso? Yo lo puedo decir con toda confianza de que mi Dios no es hombre para mentir cuando dice que no hay imposibles para Él. No sé por lo que puedas estar pasando o si a lo mejor Dios te está moviendo a algún lugar. Ni siquiera sé cuál es tu situación, pero quiero decirte que Dios es capaz de hacer mucho más de lo que tú puedas pensar que Él puede hacer. He aprendido que no puedes limitar el poder de Dios. Lo que nosotros pensamos que no se puede hacer, Él lo hace.

El clima en Guadalajara era hermoso. Así fue como nos levantamos a un nuevo y maravilloso día. Yo no podía creer que estaba en otro país. Sin conocer la cultura o el país, todo lo que sabía era que Dios nos había llamado a México, Joe estaba siendo invitado a muchas iglesias e iba a muchos lugares donde daba charlas motivacionales. Nosotros nos habíamos llevado nuestro Toyota Camry con nosotros, aunque aún estábamos haciendo pagos en él. Pensamos que íbamos a poder seguir pagándolo, pero después de tres meses nos rendimos y devolvimos el carro al banco en los Estados Unidos. Compramos un carro usado allá mismo y fue un dolor de cabeza porque cada seis meses teníamos que manejar hasta la frontera para sacarle un permiso al carro para tenerlo en México. Nos pesaba ese largo viaje, pero lo teníamos que hacer.

De los primeros seis meses al año, el cambio fue realmente difícil no solo para nosotros, sino para los niños. Fue un proceso, pero muy dentro de mí sabía que las cosas iban a mejorar. Nosotros conocíamos este pastor en Guadalajara que realmente fue una bendición para nosotros. Su nombre era Javier Gómez Rubio. Él nos compró una nevera y alguna comida. Es maravilloso cuando le dices a Dios: "Usa mi vida como quieras y dondequiera que tú quieras" y Dios hace exactamente eso. Hay personas que oran y dicen: "Dios, por favor, úsame". Y cuando Dios los comienza a usar, entonces dicen: "Dios, me siento tan usado". Eso es lo que le dijimos a Dios que hiciera, usarnos en la manera que Él quisiera. Yo siempre digo que más vale que cuides lo que le pides a Dios porque Él toma tu palabra y no juega. Él hace exactamente lo que tú le pides que haga y lo que Él quiere hacer en tu vida. Yo sé eso por experiencia; yo he estado ahí.

Por eso es que después de 40 años en el ministerio, soy muy cautelosa de decirle a Dios cualquier cosa. Ten cuidado con lo que Dios va a hacer y a dónde te va a llevar. No olvides que tú entregaste tu voluntad a la voluntad de Dios. Cuando Dios hace algo en tu vida, cualquiera que sea el proceso, aún si no te gusta, es siempre por tu propio bien. Tú y yo seremos los únicos beneficiados de eso, pero tenemos que ser fieles en lo poco antes de que Dios nos ponga en las cosas mayores que Él tiene para nuestras vidas. Mi esposo Joe siempre dice: "Pequeños sacrificios, pequeño el poder de Dios, pero grandes sacrificios muestran un gran poder de Dios". Para llegar allá, tú y yo debemos pagar un precio. Jesús tuvo que pagar un precio por nosotros, así que no pienses por un momento que tú no tienes que hacerlo. Nosotros tenemos que pagar un precio por caminar al lado de Jesús, dependiendo de Dios y dejando que Él nos guíe. Cuando Él nos guía, sabemos que estamos en buenas manos.

El nuestro ha sido un largo viaje, pero ha sido uno

bueno. Ha sido una montaña rusa, pero Dios ha estado en esa vuelta conmigo, con mi esposo y con mis hijos. Cuando muchos dijeron que no iba a poder ser hecho, nosotros hemos probado que estaban incorrectos y Dios ha cumplido su Palabra. Él nunca te dejará ni te desamparará. Nosotros como humanos cometemos errores, pero Dios nunca ha cometido un error ni ha estado equivocado. Mi Dios es un Dios poderoso. Jeremías 32:17 dice que *"... no hay nada difícil para ti"*. Yo sé que absolutamente nada es difícil para Dios. Él puede ir por encima de nuestra imaginación y eso no es mentira. Dios toma control completo si lo dejamos. Nosotros solo tenemos que dejarlo hacer lo que Él sabe hacer mejor.

Joe y yo habíamos hablado de cuánto tiempo le íbamos a dedicar a México y habíamos decidido que un año. Después que pasó un año, sentimos que Dios no había terminado con nosotros en México. No nos había dado luz verde para volver a los Estados Unidos, así que le dedicamos dos años. Ahora yo conocía personas de la iglesia y era amiga de unas cuantas mujeres, aunque era una iglesia en la que yo no quería estar. Sentía que no pertenecía allí para nada. Me sentía fuera de lugar y no era la gente, era yo. Todo era un proceso y Dios me iba a llevar por una de esas aventuras. Él estaba preparado para enseñarme otra lección. Yo tenía una consejera que siempre me decía: "Ada, mantén tus ojos en Dios". Me decía: "La gente te falla y te desanima, pero Dios nunca te fallará ni te desanimará".

Le doy tanta gracias a Dios por su fidelidad y bondad porque esa era una lección que tenía que aprender y comprendí que cometemos errores porque somos humanos. Muchas veces nosotros ponemos nuestros ojos y confiamos en la gente, y cuando hacemos eso, cometemos terribles errores. Al momento que el pastor, predicador o evangelista comete errores o cae fuera de la gracia de Dios, nosotros nos desenfocamos y nos desilusionamos. Esa es nuestra culpa porque ponemos esas personas en un pedestal. He aprendido a través de los años que Dios nos ha dicho que no hagamos eso. Dios es un Dios que nunca nos fallará; Él nunca nos dejará y eso es lo que dice la Palabra de Dios. Así que no exaltes al hombre. Tú y yo somos mejores cuando levantamos el nombre de Jesús y lo exaltamos solo a Él. Es la única persona que vale toda honra y honor, nadie más que Él. Eso es lo que la Palabra de Dios dice y yo lo creo.

Los dos años pasaron bien rápido y nosotros dijimos: "*Ok*, Dios, no has dicho nada, así que nos quedamos hasta que tú nos digas". Así que le dijimos a Dios que estaríamos en México indefinidamente. Dios tenía un propósito que desconocíamos. Nosotros estábamos bien con lo que fuera que Él trajera a nuestras vidas. Al final, le dimos a México veinte años. En esos veinte años, Dios hizo cosas maravillosas en nuestras vidas y a través de nosotros.

Capítulo 14

TRIUNFO
PARA MUJERES

DESPUÉS DE HABER estado en México cuatro años, yo estaba caminando por las calles de Guadalajara con unas amigas y vi el lugar donde las prostitutas pasaban el tiempo. Vi a estas dos muchachas bien jóvenes, no debían ser mayores de 17 años. Todo lo que hice fue mirarlas y me trajeron tantas memorias. Le dije a mis amigas: "Voy a ir a hablarles a esas muchachas". Ellas dijeron: "No, ven otro día y habla con ellas; ahora nos queremos ir de compras". Cuando giré para caminar en sentido contrario, Dios habló a mi corazón y dijo esto: "Ada, no te olvides de dónde yo te saqué". Fui a casa esa noche y todo lo que pude hacer fue pensar en esas dos muchachas jóvenes y lloré. Algo se estaba moviendo en mi corazón; algo pasaba dentro de mí. Nunca había sentido lo que estaba sintiendo. Yo había sentido compasión por los perdidos, pero era totalmente diferente.

Yo no entendía lo que estaba pasando, pero algo estaba naciendo en mi corazón. En ese tiempo, Joe estaba de viaje por España predicando. Me llamó y antes de que le saludara o le dijera "Te extraño," dije: "Algo ha pasado en mi espíritu". Él dijo: "Hablaremos de eso cuando vuelva a casa". Yo ni siquiera había dicho lo que había pasado. Todo lo que Joe quería era hablar conmigo y ver cómo estábamos. Inmediatamente yo quería decirle todo lo que había en mi corazón. Una semana más tarde, Joe vino a casa y le dije: "Joe, necesitamos hablar". Nosotros nos sentamos y empecé a llorar. Él preguntó: "¿Qué está pasando?". Le dije cómo Dios estaba poniendo en mi corazón que abriera un programa de mujeres y cómo me había dicho que no me olvidara de dónde Él me sacó. Joe dijo: "Vamos a orar a ver qué Dios dice". Le dije: "Joe, creo que Dios me está diciendo que abra un centro de rehabilitación". Él dijo: "Dios tiene que hablarme". No entendí lo que decía, pero tenía que esperar. Un año pasó y le pregunté: "¿Dios te ha dicho algo?". Y él me contestaba: "No todavía". Seis meses pasaron y nada. Dos años pasaron y Dios no le había dicho nada a Joe. Pensé: o él está sordo o es duro de escuchar o no quiere escuchar. Pero sabía lo que Dios me había dicho y que esto no había nacido en mi corazón, sino en el corazón de Dios.

Después de tres años, Joe me dijo que Dios le había dado luz verde para el centro de rehabilitación de mujeres. No sabíamos cómo empezarlo. Comencé a buscar una casa para esas mujeres quebrantadas y no quería cualquier casa. Quería una casa en la cual ellas se sintieran valiosas; un lugar que fuera ameno, del que pudieran decir que ese era su hogar y se sintieran como en casa. Una amiga y yo encontramos finalmente una casa bonita y grande. Tenía cinco habitaciones, dos baños, una cocina grande, una sala y un espacio para oficina. Era la casa perfecta, pero querían el primer y último mes de renta, lo que sumaba 10 000 pesos mexicanos ($1,000) más 5000 pesos mexicanos ($500) de depósito. Era mucho dinero para nosotros, pero para Dios yo sabía que no era nada. Yo sabía que Dios iba a hacer aparecer ese dinero porque para Dios no hay imposibles. Si Dios hizo un milagro en mi vida, ciertamente podía traer 15 000 pesos mexicanos ($1,500) Adivina qué. Él nos dio el dinero. Nuestro pastor Javier Gómez Rubio fue la primera persona a quien Dios tocó y después gente empezó a darnos dinero para la casa. Era increíble lo que Dios estaba haciendo. Yo no entendía cómo lo estaba haciendo, pero todo lo que yo sabía era que lo estaba haciendo.

Ahora teníamos esta casa con nadie viviendo en ella. Ni siquiera teníamos trabajadores, pero yo sabía que Dios iba a suplir eso. Eso no era nada para Él. Invitaron a Joe a la Ciudad México a predicar y dar clases en la mañana por una semana. Él les mencionó a los estudiantes lo que Dios había puesto en nuestros corazones sobre abrir este centro de rehabilitación. El último día antes de que viniera a casa, dos muchachas jóvenes se le acercaron diciéndole que Dios les había puesto un llamado en sus vidas, pero ellas no conocían ninguna casa de mujeres que fuera cristiana. Estoy segura de que había varias de estas casas en México, pero creo que Dios las había reservado a ellas justo para nosotros. Dios siempre sabe lo que hace. Ellas dijeron que les faltaba más o menos un mes para terminar la escuela bíblica. Joe les dijo que se mantuvieran en oración y si Dios les daba luz verde, que le hablaran a su pastor. Exactamente eso fue lo que pasó.

Ellas llegaron a Guadalajara, una primero que la otra. Nosotras teníamos que preparar clases, redactar el reglamento, preparar las formas y muchas cosas más. No abrimos el Centro hasta que todo estuvo en orden. El 15 de noviembre de 1995 abrimos la casa, la cual llamamos *Triunfo para mujeres*. Algunas muchachas empezaron a llamarnos. Varios pastores nos recomendaban otras. Antes de que supiéramos, había muchachas en la casa. Nosotros sabíamos que teníamos mucho trabajo por delante. Estábamos en guerra y en una zona de guerra. Las otras dos mujeres que llegaron a asistirnos no sabían cómo lidiar con esas muchachas. La primera muchacha que vino a trabajar con nosotros había sido una prostituta antes de entregar su vida a Cristo. Ella sabía un poco de lo que estaba enfrentando y sabía que no era fácil ni bonito. Yo tenía un poco de experiencia porque habíamos trabajado en el hogar de mujeres.

Este trabajo no era fácil, pero tenía sus recompensas. Mucha gente trataba de desilusionarnos y nos decían que nadie soportaría esa clase de trabajo. Los que nos decían eso eran pastores y eso era decepcionante para mí. Yo sabía lo que Dios me estaba diciendo y no le iba a permitir a nadie decir algo diferente. Por muchos años, la gente decía que estaba loca porque eran personas que no conocían a Dios y aquí teníamos personas que conocían a Dios tratando de desalentarme de hacer lo que Dios me estaba diciendo que hiciera. Yo nunca me he arrepentido de lo que Dios me ha llamado a hacer. Sabía que había sido Dios quien había puesto en mi corazón esa carga por mujeres perdidas. Gracias a Dios que yo no caminaba por lo que la gente me decía.

Eso me recordaba que cuando yo estaba en *Teen Challenge*, el centro de rehabilitación donde yo fui la única muchacha durante cuatro o cinco meses, mucha gente les decían a mis directores que cerraran el centro porque ellos estaban gastando mucho dinero en renta, comida, agua y el pago de luz, solo por mí. Yo le doy gracias a Dios porque mis directores, Isa y Julio Carrión, no escucharon a esa gente tan negativa. Ellos escogieron obedecer a Dios y hacer lo que Dios hablaba a sus corazones. Yo le doy gracias a Dios por ellos y por toda la gente que me ayudó a atravesar lo que yo necesité para estar donde estoy hoy. ¡Dios es bueno!

Por mucho tiempo, la gente seguía diciendo que yo no podía, pero yo no iba a dejar que esas palabras me quitaran el deseo de abrir el centro de rehabilitación para mujeres. En un momento dado yo no sabía por qué Dios nos quería en México, pero ahora sabía por qué. Cuando Dios tiene un plan para tu vida, nadie puede interferir entre el plan de Dios para ti y tú. Yo sabía que Dios no solo nos había llevado allí para viajar, sino para que mujeres y hombres pudieran ser levantados y ser lo que Dios quería que fueran, además de conocer a Jesús. ¿No es Dios grandioso y bello? Yo creo que Él lo es.

Ya que tratábamos con mujeres que no creían que Dios podía hacer una diferencia en sus vidas, algunas veces se hacía imposible y frustrante, pero nosotros creíamos que Dios había hablado a nuestros corazones. Muchas mujeres mexicanas estaban siendo transformadas y cambiadas por el poder de Dios. Nosotros nos aferramos a eso y no queríamos creer lo contrario. Nunca olvidaré a una joven de trece años que vino a nuestra casa. Se llamaba Blanca. Ella había estado trabajando como prostituta en las calles desde la edad de 10 años. Su cuerpo y cara eran los de una niña, pero su mente era de una mujer vieja. Ella era la niña más dulce; Joe y yo nos enamoramos de Blanca. ¡Era tan difícil para ella aceptar y recibir el amor de Dios! Ella me decía que a veces sabía que Dios la iba abandonar como la habían abandonado todos los demás en su vida. Yo siempre le decía a Blanca: Dios te ama y Él nunca haría eso. Ella siempre volvía y me preguntaba: "¿Por qué Él me querría? Yo no merezco ser amada". Era una batalla tratar con Blanca, pero estaba allí en la casa y un día Dios trató con ella en una manera, que ella comenzó a creer que Dios realmente la amaba y que ella sí valía. Blanca no fue la misma después de eso. Ella era un joven totalmente cambiada. Estuvo con nosotros por cuatro años. Luego se fue, se convirtió en madre y empezó una nueva vida. Igual que ella, muchas otras jóvenes fueron cambiadas y transformadas.

Me habían invitado a Toluca, México a predicar y la esposa del pastor me habló de una mujer a quien ella quería que yo le hablara. Hicieron arreglos para que aquella mujer estuviera una noche que yo iba a predicar. Cuando terminé de predicar, escuché una voz de hombre detrás de mí y cuando me volteé, esa voz de hombre me decía que le había gustado mi mensaje. Sí, leíste bien, ese hombre no era un hombre, sino una mujer. Ella lucía como un hombre y sonaba como tal, pero era una mujer. Yo no estaba asombrada, ya que no era la primera vez que me encontraba con algo como eso. Nosotras empezamos a conversar y dijo que había escuchado mucho sobre mí, que estaba cansada de vivir su vida y quería un cambio. Yo le dije: "¿Estás segura de que quieres dejar a tu pareja y cambiar tu estilo de vida por la vida que Cristo tiene para ti? ¿Quieres una nueva vida de verdad?". Sin pensarlo un minuto, ella dijo que estaba dispuesta.

Eso me recordó la mujer en la Biblia con el flujo de sangre. Yo me imagino que esa mujer estaba enferma y cansada de estar enferma. Había gastado todo su dinero en doctores o sabe Dios qué más y estaba tan desesperada que estaba dispuesta a hacer lo que fuera para que su vida estuviera bien. ¡Qué asombroso que haya personas que harían lo que fuera por cambiar! La Biblia dice que ella oyó que había un hombre llamado Jesús que sanaba los enfermos, libertaba a los poseídos por demonios y hacía la diferencia en la vida de la gente. Yo me puedo imaginar a esta mujer diciendo: "Yo voy a tomar lo que me pertenece". Eso hizo. En Marcos 5:27 dice que ella *"vino por detrás entre la multitud"*. Eso me dice que esta mujer tenía algo llamado determinación y no le importaba quién la miraba. A ella no le importaba qué decían de ella, quién estaba a su derecha o izquierda porque ella iba a buscar su sanidad. Ella dijo: *"Si tocare tan solamente su manto, seré salva"* (Marcos 5:28).

¿Sabes? Algunas veces tenemos que tocar fondo para darnos cuenta de que necesitamos cambiar nuestras vidas. Dios es el único que puede hacerlo en tu vida y la mía. No hay ninguna otra cosa o persona que pueda hacer la diferencia. A mí no me importa lo que diga la gente; he experimentado el poder de Dios en mi vida y Él ha hecho la diferencia en ella. De nuevo te pregunto como en Jeremías 32:27: *"He aquí que yo soy Jehová, Dios de toda carne; ¿habrá algo que sea difícil para mí?"*. Esta mujer con voz de hombre se fue a su casa e hizo lo que tenía que hacer. En dos meses estaba en el centro de rehabilitación. Ella tenía determinación; quería cambiar su estilo de vida. A algunas personas les toma tiempo cambiar algunas cosas en sus vidas, pero a otras solo les toma un instante decidirse a no ser la misma persona. Hay muchos que se aferran a sus vidas pasadas y no están listos para dejar lo que están haciendo. Al momento que dices que estás dispuesto a soltar tu vida anterior, Dios comienza a trabajar en ti porque le has dado las riendas. Cuando una persona dice: "No estoy preparado para darle a Dios las riendas" o "No estoy dispuesto a rendirme", entonces le amarra las manos a Dios.

Dios comenzó su trabajo en la vida de Rocío. Es grandioso porque cuando eso pasa, Dios comienza a hacer lo que Él sabe hacer mejor. No hay nada que Él no pueda hacer. Sea lo que sea que creas imposible, para Dios no hay nada imposible. Nuestro Dios es un Dios de posibilidades. A veces limitamos a Dios en muchas áreas de nuestras vidas, y hay cosas que Dios necesita trabajar en nosotros, no importa cuanto tiempo llevemos sirviendo a Dios. Cuando Dios nos quiere, lo quiere todo; no una parte de nosotros. Ese es el trato que Dios ha hecho con nosotros. Él lo quiere todo o nada; nosotros no podemos negociar con Dios. Si Él ha dicho que lo demos todo, entonces debemos darle todo. Dios no es un Dios que pone un arma en nuestras cabezas. Él es un Padre amoroso y desea lo mejor para ti. Yo no sé cómo tu padre terrenal fue contigo, pero mi Padre celestial nunca podrá ser comparado con un padre terrenal.

Tal vez esto no es fácil para ti entenderlo por la situación con tu padre. Yo no tuve una buena relación con mi papá. Él fue un excelente proveedor y un buen padre, pero nunca tuvimos una relación. Ahora que soy cristiana y sé lo que es una relación entre padre e hija, yo puedo decir que no tuve eso en mi vida. Por eso cuando vine a Cristo, era muy difícil para mí relacionarme con Dios porque Él representaba una imagen de hombre y todo lo que yo conocía era que el hombre quería y podía tomar ventaja de mí. Por eso cuando me dijeron que Dios era mi Padre, automáticamente yo pensaba: ¿Qué quiere Él de mí? Yo pensaba que un día este Dios me iba a abandonar como hicieron los demás. No era fácil para mí confiar en Dios y creer que realmente me amaba y que nunca me dejaría ni me haría daño. Me tomó un paso a la vez llegar a confiar en Dios y creer que Él realmente me amaba y no me iba a dejar. Yo di pasos pequeños como un bebé cuando empieza a caminar. Yo tuve que dejar ir cosas que me pasaron y dejar mi pasado atrás. Tuve que dejar a Dios ser mi futuro. No fue fácil, pero fue posible.

Volviendo a Rocío, ella se hizo una joven mujer y una persona hermosa en Cristo. Un día ella fue a ver a la consejera y le dijo: "Enséñame a maquillarme y a caminar con tacones". Le tomó un poco de tiempo aprender a caminar con ellos, pero lo hizo. Ella se graduó del programa y volvió a la iglesia donde yo la conocí. Ella está ayudando a otras mujeres que tienen el mismo problema y lo último que escuché era que Dios estaba usando su vida para ayudar a muchas mujeres. Algunas muchachas que no quisieron cambiar se fueron del Centro, pero la semilla ya fue sembrada en ellas y nunca olvidarán que Jesús las ama. Esa declaración las seguirá por el resto de sus vidas. ¿Cómo te puedes olvidar del amor de Dios?

Las dos muchachas que empezaron con nosotros trabajaron con nosotros durante doce años. Después se fueron a hacer otras cosas para Dios. Ahora Dios estaba levantando mujeres que salían del programa y realmente las estaba usando. Yo nunca olvidaré a Tatiana. Ella vino a nosotros completamente destruida, en pedazos, sin esperanza alguna. Era una de esas situaciones que tú miras y dices: "Dios, ¿será que tú puedes arreglar este atolladero de vida?". Porque para nuestros ojos luce como si no tuviera remedio y no hubiera esperanza alguna, pero comienzas a mirar lo que el alfarero empieza a hacer y es asombroso lo que ves. Lo que no era nada comienza a tomar forma. Es tan solo una masa de barro y un molde de nada porque no tiene ninguna forma, pero una vez el Maestro, el alfarero, comienza a formarlo y moldearlo con sus manos, se torna hermoso y útil en las manos del Maestro. ¡Qué grandioso es eso!

Ha sido eso lo que Dios ha hecho en nuestras vidas. Dios ha sido y es bueno conmigo; eso es todo lo que yo he experimentado en mi vida.

Después de tres años más o menos, abrimos un centro de rehabilitación para hombres, lo cual también fue un reto. Fue buena idea porque muchos muchachos se salvaron y a muchos les va bien. El muchacho que corre el centro es un joven que pasó por el programa, se casó con nuestra secretaria y tuvieron dos niños bellos. La familia completa le está sirviendo a Dios e incontables hombres y mujeres están realmente sirviéndole al Señor y haciendo algo por Jesús en el ministerio.

Capítulo 15

CRÉELE A DIOS
Y ÉL HARÁ

YO TE DIGO a ti que estás pasando por malos momentos: suelta y déjaselo a Dios. Una cosa es segura y es que Dios es verdadero para ti y para Él mismo; Él no fallará. No pienses que la situación es imposible y que no terminará. Pasará tan pronto tú decidas entregársela a Dios y no preocuparte más. Ese es el problema con nosotros los cristianos. Andamos con una Biblia, escuchamos la Palabra de Dios y eso está todo bien, pero los cristianos no ponen en acción lo que la Palabra dice. Necesitamos ser hacedores y cambiar la manera de pensar. A veces estamos limitados en nuestra manera de pensar. Dios es capaz de hacer lo que quiera, pero tenemos que creerle y no limitar nuestra mente a no creer que Dios puede y lo hará. Lo que Él dice, Él lo hará, pero tienes que creerlo. Nuestro trabajo es creerlo y su parte es hacerlo. A veces nosotros lo hacemos difícil cuando en realidad no lo es. Toma tanto que nosotros creamos que nuestros hijos van a ser exitosos en la vida como creer que nuestra situación está bajo el control de Dios.

Por eso dice en Salmo 55:22: *"Echa sobre Jehová tu carga,*

y él te sustentará;" Dios te invita a dejarle a Él toda situación, todo problema, toda mala experiencia y todo aquello que no puedas manejar por ti mismo debido a que es muy duro para ti. Eso no es difícil de hacer, aunque pensamos lo contrario. Nosotros tenemos que cambiar nuestra mentalidad y creer sobre las cosas. Cada vez que Dios nos quiere dar algo es para nuestro propio beneficio. Nosotros somos los únicos que nos beneficiaremos de lo que Dios está tratando de darnos o hacer en nuestras vidas. Dios es un Dios bueno y tú debes haberlo leído muchas veces en este libro. No hay otra manera en que yo lo pueda describir. Esa palabra lo dice todo. Hubo muchas veces en mi propia vida que tuve que aprender cómo creerle a Dios, pensar así, repetirlo y tomar la Palabra de Dios. Nunca falló. Cada vez que yo creía, Dios lo hacía. Yo tenía que confiar en que Dios haría lo que había prometido. Dios es fiel a su Palabra, no se ha olvidado de ti y nunca se olvidará. Cada vez que tengas una situación imposible o difícil, piensa en mí y en cómo Dios lo hizo en mí.

Yo le doy gracias a Dios porque yo no tuve que cambiar antes de que Él me encontrara. Él tan solo dijo: "Ven como tú eres". Eso fue lo que yo hice. Yo vine como yo era y Dios se puso a trabajar. Yo no soy perfecta, pero estoy caminando en esa dirección y aún si muriera antes de que eso pasara, El que es perfecto terminará la obra que comenzó. Tengo un largo viaje para alcanzar esa meta, pero voy derechita. Yo no voy a mirar hacia atrás para nada. He puesto mis manos en el arado y no voy a mirar atrás. Dios tiene cosas buenas guardadas para mi vida. Eso es lo que dice en Lucas 9:62: "*Y Jesús le dijo: Ninguno que poniendo su mano en el arado mira hacia atrás, es apto para el reino de*

Dios". Entonces no mires atrás, no sueltes el arado y sigue hacia delante.

Toda esta obra ocurrió porque yo escuché a Dios y actué sobre la Palabra que Él puso en mi corazón. Había nacido en su corazón, pero me la pasó a mí y luego a mi maravilloso esposo. Todo lo que toma es obediencia. No todo lo que Dios nos dice que hagamos será fácil y tal vez ni siquiera es lo que queremos hacer, pero le dimos a Él nuestro todo y nuestra voluntad, así que ahora Él es el jefe y nosotros somos los siervos para hacer lo que Él nos diga.

Ha habido momentos en los cuales yo he querido tirar la toalla y decir: ¿Sabes qué? Olvídate de esto; es muy difícil. Pero cada vez que pensaba en eso, recordaba dónde estaba yo antes de aceptar a Cristo. ¡Qué duro era cuando yo dormía sucia en las calles y sin ser amada, no teniendo ningún lugar dónde apoyar mi cabeza! Entonces cuando pensaba en el amor de Dios en mi vida y cómo Él tomó mi lugar y dio su vida por mí, un pensamiento pequeño llegaba e invadía mi corazón y mi mente. ¿Cómo podía echarlo todo a perder sabiendo que Cristo lo hizo por mí? No me importa qué tan dura o fuerte sea la vida, nunca va a ser tan dura como antes de que Cristo entrara en mi corazón. Dios nunca dijo que iba a ser fácil, pero dijo que iba a ser posible y ha sido posible por todos estos años que le he estado sirviendo a Dios. Él me dio vida cuando no la tenía, me dio gozo cuando no tenía gozo, me dio risa cuando no tenía motivos para sonreír. Él me dio esperanza cuando no tenía ninguna. Él me dio un maravilloso esposo y dos fantásticos y hermosos hijos. Él me dio seis maravillosos nietos. Los nietos son un regalo para nosotros por no haber matado a nuestros hijos. ¿Cómo podría yo tirar todas esas maravillosas bendiciones, solo porque piense que la situación es dura? Si tu situación es dura, entrégasela a Dios. Él la puede manejar para ti y para mí.

Algunas veces pienso en el pasado, cuando yo estaba en el programa de rehabilitación, cuántas veces escuché a personas decir que habían servido a Dios 5, 10, 20 años y Él había sido más que fiel. Yo me maravillaba y decía: "Yo he estado aquí por días y no sé si estaré aquí mañana". Aquí estoy, 40 años o más habrán pasado y todavía diré que Dios es fiel y ha sido bueno. Yo decía en algunos momentos: ¿Cuándo es que mi vida va a dar un giro? Lo hizo y aquí estoy diciéndote que Dios está en el negocio de hacer lo inimaginable para ti. ¿Cuándo pensé yo que estaría escribiendo este libro, mencionando que soy testigo del poder de cambio de Dios? Ni siquiera mires tu situación como algo imposible o que Dios no lo puede hacer porque la escritora de este libro quiere comunicarte que Dios es capaz. Dios hará lo que sea.

Trabajar en este ministerio ha sido una bendición para mi vida y nunca olvidaré la experiencia que tuve mientras estuve en México. Hubo buenos y no tan buenos recuerdos, pero al final todos fueron buenos porque nosotros aprendemos de los errores que cometemos. Yo ciertamente puedo decirte que he aprendido de ellos, para mi beneficio y para no cometerlos de nuevo. Esto me recuerda una historia en la Biblia sobre los israelitas. Dios quería enseñarles una lección para que confiaran en Él, pero ellos se mantenían volviendo atrás a su forma de hacer las cosas y sus maneras no funcionaban. Tiene que ser a la manera de Dios. Cada vez ellos metían la pata o hacían las cosas a su manera, no funcionaba. Cometieron muchos errores, pero lo más triste fue que no aprendieron de ellos.

¡Qué triste es cuando tú y yo pasamos por cosas que no son placenteras y no aprendemos de ellas! Aprender es bien importante para nuestras vidas; o te hace o te rompe. Cuando las situaciones vienen a nuestras vidas es para que aprendamos de ellas. Es la única manera que Dios nos moldea en la persona que Él quiere que seamos. Entonamos cánticos de Dios que tienen que ver con Dios haciéndonos a su imagen, como uno que dice "Yo quiero ser como tú". Pero para que podamos ser como Él, Él nos tiene que probar a través de situaciones como las que Él atravesó. Como digo siempre: no es fácil, pero es posible. Dios nos llevará por el proceso que Él necesita llevarnos para que podamos ser como Él. A mí no me gusta pasar por situaciones que irriten mi vida, pero a veces son necesarias porque Dios me quiere sacar de ellas del todo, brillando como un diamante. Todo lo que Dios permite es para nuestro beneficio porque Dios nos quiere hacer bien. Él es un Dios de bondad.

Yo recuerdo cuando mi hija soltera quedó embarazada. Mi corazón estaba hecho pedazos y estuve deprimida por un tiempo. Yo me sentía como que la tierra me había tragado y yo no quería seguir. Fue un golpe duro, pero Dios nos enseñó una gran lección con esta situación. La lección fue que ahora tenía que amar a mi hija y estar allí para ella de la misma manera que Dios me ama y siempre ha estado para mí. ¿Cómo es que Dios nos ama a nosotros? Incondicionalmente. Esa es la forma de ser de Dios. Lo que estaba para mal, Dios lo tornó para bendición. La Palabra de Dios nos manda a que demos gracias por todas las cosas. Esa es una lección dura de aprender. Mientras atravesamos cosas, tiene que venir un tiempo de empezar a dar gracias a Dios. No se trata de dar gracias porque alguien murió o por un divorcio, sino porque, al pasarlas, Dios estuvo ahí todo el tiempo. Ha habido momentos en mi vida que yo he preguntado: ¿Por qué? Y me he respondido: ¿Por qué no?

Mira la vida de Job; no fue fácil para él. Dios le dio permiso al diablo para que tomara ciertas cosas de él y lo único que le dejó fue la esposa. Ella debió ser la primera en irse. Mira lo que ella dijo según mi interpretación: "¿Por qué tú no maldices a Dios y tiras la toalla y te olvidas de lo bueno que Él es?". Yo estoy casi segura de que a lo mejor Job quería ponerse de acuerdo con ella, pero no lo hizo. Él se mantuvo firme y aunque pasó malos momentos, se paró en la Palabra de Dios. Si lees el último capítulo del libro de Job, ves cómo Dios bendijo a Job una vez más, todo porque él no se rindió en medio de su situación. Él escogió pararse y creerle a Dios. Siempre hay una bendición para ti y para mí al final de cada situación o circunstancia que pasamos. Primero debemos atravesar lo que sea. Dios quiera darnos la victoria. Después que todo se haya dicho y esté realizado, debemos pararnos firmes. Por eso es bueno que leas Gálatas 5:1: *"Estad, pues, firmes en la libertad con que Cristo nos hizo libres, y no estéis otra vez sujetos al yugo de esclavitud"*. ¡Todo va a estar bien!

Diecisiete años han pasado y esos hogares en México permanecen fuertes. Dios todavía está cambiando las vidas de hombres y mujeres, y lo seguirá haciendo por un largo tiempo. Joe estaba viajando mucho y también yo. Dios estaba haciendo cosas maravillosas. Yo tenía esta joven mujer que era como mi mano derecha; ella estaba más o menos a cargo del ministerio. Lentamente, yo le estaba dando todas las responsabilidades del ministerio porque sabía que Dios nos estaba llevando en una dirección diferente. Yo sabía en mi corazón que no íbamos a estar allí por mucho tiempo más. Esta muchacha también había pasado por el programa y se quedó a trabajar conmigo. Ella ha sido tan fiel, no solo con nosotros, sino con Dios. Esta joven mujer fue agradecida de lo que Dios había hecho en su vida y Dios había hecho cosas grandes en la vida de Norma. Ella vino a ser como una hija para nosotros y así la amábamos.

Después de unos veinte años en Guadalajara, México, dejamos ese país y fue lo más duro que he tenido que hacer en mi vida. Yo pensé durante un largo tiempo que México era el lugar donde yo iba a morir y mi última parada. Yo le pasé la batuta a Norma y le dije: "Yo di a luz este ministerio, pero ahora te toca a ti correrlo". Nosotras lloramos las dos, ella no entendía, pero tampoco sabíamos que Dios tenía todo esto planeado.

Capítulo 16

EL PODER DE LA OBEDIENCIA

ES GRANDIOSO QUE nos olvidamos de lo que le decimos a Dios cuando le dimos nuestra vida al principio. Esto es lo que decimos o lo que yo dije: "Dios, yo te doy mi vida a ti. Puedes hacer con ella lo que quieras". El momento que tú y yo decimos eso a Dios, Él tomará nuestra palabra. Dios desea tanto hacer algo en nosotros, pero no le permitimos hablar a nuestros corazones. Hay mucha gente en la iglesia sentada con un llamado en sus vidas, pero no responden. Muchas veces es porque no son obedientes y otras porque no se sienten valiosos. No saben si es Dios o Satanás quien les habla. La gente siempre tiene excusas para no hacer lo que Dios quiere que hagan. Yo lo veo de esta manera. Si Dios ha colocado un llamado en tu vida y tú no tienes duda que es de Dios, entonces haz lo que tú sientas que Dios te está moviendo a hacer. No esperes cinco o diez años o más para hacerlo. Como dice el lema de *Nike, Just do it!* (¡Solo hazlo!).

Observa este ejemplo. Al momento que Dios habló a mi corazón sobre abrir un hogar de mujeres, yo sabía que era Dios y no importa si lo tenía que abrir en el momento o

153

tres años más tarde, como pasó. Yo lo iba a hacer porque sabía que había sido Dios quien había puesto esa carga en mi corazón. Si no hubiera sido obediente a lo que Dios me decía, no habría tantas mujeres y hombres sirviéndole al Señor. No habría una Norma, Tatiana, Rocío, Mónica, Jessica, Gaby, María, Víctor, Roberto, Tere y tantos otros que le están sirviendo a Jesús. Todo lo que necesitas es obediencia para hacer lo que Dios te está diciendo. Yo estoy tan contenta de que Jesús fue obediente a su padre muriendo en la cruz y contenta de que Dios fue obediente en decirle a su hijo que tenía que morir, para que todas estas personas que necesitaban vida la tuvieran. Dios tuvo que pagar el precio sacrificando a su único hijo. Muchos dicen que la salvación es gratis, pero no lo es. Jesús tuvo que morir para que nosotros tuviéramos vida y vida en abundancia.

A mí me costó veinte años de mi vida en un país donde no conocía la cultura ni la comida. Tuve que sacrificar a mi familia y a mis nietos e ir al lugar a donde Dios me enviaba. No fue fácil llegar allí, pero dejarlo fue mucho más difícil. Yo amo a México y siempre lo amaré. Ese país vino a ser parte de mi vida y siempre lo será. Allí Dios me enseñó grandes lecciones y cómo tomar decisiones sabias. Nuestras vidas no serían lo que son si no hubiera sido por esos tiempos en que éramos quebrantados por Él y transformados de nuevo. No es lo mucho que sepamos de Dios o lo mucho que Él usa nuestras vidas o lo que hacemos para Dios. Es todo sobre Él y cuánto Él desea ser Señor en nuestras vidas. Nunca ha habido un tiempo en mi vida que yo haya dicho que Dios ha hecho lo incorrecto. Dios ha sido fiel con nosotros. Cada día Él muestra sus misericordias y son nuevas cada mañana.

Mi hija le sirve al Señor. Ella está casada con un buen hombre y tiene hijos maravillosos, pero no fue así siempre. Nosotros no nos rendimos ante Dios y sabíamos que un día Mónica, mi hija, vendría de nuevo a Dios. Nunca tuve duda de que yo vería a mi princesa con sus manos levantadas adorando al Señor. Cuando la visito y voy a la iglesia con ella y la veo cantando con sus manos levantadas, ¿cómo no le voy a agradecer a Dios lo que ha hecho? Mi hijo es mi príncipe y yo lo amo mucho. Aunque en un momento él no estaba caminando con Dios, yo sabía que era solo cuestión de tiempo. Ephraim le sirve al Señor. ¿Por qué? Porque es una promesa de Dios para nosotros que mi casa le servirá al Señor.

Es maravilloso cómo a través de los años, Dios ha hecho lo que Él ha prometido que haría. Dios no es un Dios que miente. Ha habido tiempos de oscuridad y soledades en los que le he preguntado a Dios dónde está, pero Dios siempre me responde: "Aquí estoy, hija, yo nunca te he dejado, ni te dejaré". Yo nunca quiero olvidarme de dónde Dios me sacó, dónde me ha colocado y hacia dónde me lleva. Él dice que Él quiere llevarnos de gloria en gloria.

Si estás desanimado ahora y te sientes que no puedes seguir, da el paso de aceptar a Cristo en tu corazón porque ese paso te hará crecer y encontrar la fuerza para seguir un poco más lejos. Va a ser el primer paso hacia tu victoria y no lo sabrás hasta que lo tomes. Siempre habrá dificultades y confrontaciones en tu caminar cristiano, pero de eso se trata la vida. No es cómo tú y yo empecemos el viaje; es cómo lo vamos a terminar. Yo sé de personas que comenzaron bien, pero no terminaron. La vida te enseñará dos cosas: cómo ser victorioso en Dios o cómo ser derrotado. Muchos cristianos se rinden tan fácilmente porque dicen que es difícil. Yo sé que es duro porque no todo ha sido color de rosa para mí, pero tenía que hacer lo que dice Josué 1:6 y 9: *"Esfuérzate y sé valiente... no temas ni desmayes..."*.

Yo tuve que agarrarme de cada una de esas palabras para mi preciosa vida. Si he llegado hasta aquí, no es por mi fuerza; es por su fuerza. Le he estado sirviendo a Dios por 40 años y no hay un día que pase que me arrepienta. Yo he abrazado toda situación con Dios mostrándome cómo depender de Él, cómo confiar en Él y cómo creer en Él. Esto no pasó de un día para otro. Me ha tomado cuarenta años aprender y de eso se trata. Aprender en la escuela de los golpes es la manera en que te derriban o te tumban. Tú y yo nos podemos levantar y seguir caminando. Los versos en 2da de Corintios 4:7–10 me ayudaron en mi caminar con Cristo:

> *"Pero tenemos este tesoro en vasos de barro, para que la excelencia del poder sea de Dios, y no de nosotros, que estamos atribulados en todo, mas no angustiados; en apuros, mas no desesperados; perseguidos, mas no desamparados; derribados, pero no destruidos; llevando en el cuerpo siempre por todas partes la muerte de Jesús, para que también la vida de Jesús se manifieste en nuestros cuerpos".*

Hubo tiempos en los que me sentí golpeada y como que no tenía sentido seguir. Yo tuve tantos momentos oscuros en mi caminar con Dios, pero descubrí que en esos tiempos es cuando Dios nos anima a levantarnos y nos dice que lo podemos hacer. Cualquiera puede rendirse, eso es fácil. Lo difícil es agarrarse de Dios sin dejarlo ir. Al momento que tú y yo nos rendimos y lo dejamos ir, perdemos.

Habrá momentos cuando querrás girar y no regresar jamás. Habrá tiempos donde la oscuridad arropará tu vida y tú querrás esconderte. Pero yo he descubierto que no lo debes hacer porque en realidad no hay a dónde ir. La única opción que tenemos tú y yo es ir hacia adelante. Yo estoy contenta de que no dejé ir la mano de Dios porque si lo hubiera hecho no estuviera experimentando todo lo que Dios ha hecho en mi vida. Yo no estaría aquí ahora mismo. No hay mejor vida que servirle a Jesús. Dios nos estará persiguiendo siempre porque esa es la manera que Dios es. No hay más grande amor que el amor de Dios. No hay fosa tan profunda donde el amor de Dios no te pueda alcanzar. Él es maravilloso y su compasión es impresionante.

Capítulo 17

MI HERMANA
YOLANDA

E N AGOSTO DEL 2010 mi hermana Yolanda y yo estábamos en el teléfono hablando de lo emocionada que ella estaba con todas las cosas que Dios estaba haciendo en su vida. Ella había vivido una vida dura. También fue usuaria de drogas: marihuana, pastillas, heroína y metadona. Yolanda y yo no compartimos mucho, ya que ella era la menor de las chicas y yo había salido de la casa cuando ella tenía nueve o diez años, así que no teníamos mucho en común. Por lo tanto, no hay mucho que pueda decir de mi hermana menor, excepto que la quería con todo mi corazón y que no fui un buen ejemplo para ella. Ella pasó todo el sufrimiento sola con mi mamá porque vivió el infierno que mi mamá vivió por mi hermana Letty y por mí. Todo lo que hicimos pasar a mi mamá, Yolanda lo pasó. Mi hermana también sintió el dolor y el sufrimiento porque nos amaba y odiaba vernos pasar por todo lo que pasamos. Ella pasó por trauma emocional por causa de nosotras y empezó a hacer cosas que tarde o temprano la llevaron al mismo tipo de vida que nosotras vivimos.

Yo no recuerdo exactamente cuándo fue que Yolanda

se involucró en salidas con muchachos y bebedera. Yo era salva ya, estaba casada y tenía a mi hija Mónica, cuando Yolanda conoció este muchacho que yo nunca tuve la oportunidad de conocer y tuvo un hijo de esa relación. Mi hermana llamó William a su hijo, por mi papá. Ella había estado viviendo con ese muchacho, pero en ese momento él estaba en la cárcel. Yo estaba un poco preocupada porque pensaba: "¿Le dará ella la espalda a Dios cuando él salga de la prisión? ¿Dejará ella que todo se vaya por la cloaca una vez él salga? ¿Volverá ella a hacer las cosas del enemigo?". Esa llamada de agosto del 2010 significó mucho para mí.

Cuando hablamos por teléfono, Yolanda le había entregado su vida al Señor hacía solo tres meses, pero se oía como si le hubiera servido por años. Yo pienso que es porque Yolanda había estado en el programa donde nosotros fuimos directores, así que había saboreado a Dios. Unos meses antes de que empezara a ir a la iglesia, ella dijo que estaba cansada de su vida y había intentado suicidarse. Yo siempre había orado para que mi familia viniera a Cristo. Ahora después de tantos años, mi hermana me estaba diciendo que estaba yendo a una iglesia. ¡Estaba tan contenta de que mi oración finalmente estaba siendo contestada! La hermana con la que yo no tenía mucho en común, ahora le estaba sirviendo a Dios conmigo. Ahora teníamos mucho en común porque ambas teníamos al Señor.

Nunca debemos rendirnos por aquellos que amamos; tenemos que creerle a Dios y confiar que ellos vendrán al Señor. Estoy contenta de que Dios no se rindió con nosotros. La Palabra dice: *"Bueno es Jehová a los que en él esperan, al alma que le busca"*. De seguro Él estaba en la vida de mi hermana. Todavía tenía que seguir orando por el resto de la familia: mi hermana Letty, mi hermano y mis sobrinos.

Mi esposo y yo teníamos un viaje planeado para ir a Orlando e íbamos a pasar a verla porque ella vivía en Jacksonville, Florida. Yolanda no podía esperar y yo tampoco. En esa espera, ocurrió algo muy trágico. El día de la boda de mi hija, el 14 de agosto de 2010, mi hermana Yolanda estaba limpiando en su casa porque mi hermano menor, Víctor, y su esposa iban para allá a vivir con ella hasta que pudieran tener su propio lugar. Ese día estaba bien caluroso. Yo no sé si estás familiarizado con el clima en Florida, pero en los meses de verano está bien caliente. La vecina de Yolanda le dijo: "Yolanda, ve adentro. Está muy caliente para que estés limpiando afuera". Yo no sé si ella terminó la limpieza o no, pero entró. Se hizo una sopa y su vecina decidió pasar y chequearla, a ver cómo estaba. La encontró tirada en el piso. Ella inmediatamente llamó al 911 y cuando llegaron los paramédicos, mi hermana no tenía pulso. La llevaron al hospital, pero mi hermana había caído en coma.

Yo recibí la noticia esa misma tarde. Mi hijo Ephraim y yo salimos a Jacksonville al otro día. Yo estaba contenta por mi hija, pues había esperado por el día en que ella se casara, pero estaba triste por lo que le había pasado a mi hermana. Nosotros llegamos a Jacksonville y fue tan triste ver a mi hermana en la cama de ese hospital, inmóvil y sin esperanza. Mi hijo fue maravilloso porque mientras estábamos allí, él hacía todas las preguntas. Él se hizo cargo de todo. Mi hermana y su hijo no tenían una buena relación para nada. Nosotros lo buscamos y lo llevamos al hospital, y él decidió lo que se iba a hacer con la condición de su mamá. Ella estaba conectada a una máquina para mantenerla viva.

Técnicamente se había ido, pero sus pastores tenían fe y yo también, en que Dios todavía podía hacer algo si estaba en sus planes. Su hijo tomó la decisión de desconectarla y mi hermana menor pasó a morar con el Señor. ¡Fue tan duro para mi hermana Letty, para mí y el resto de la familia! Yolanda murió de un ataque al corazón.

En ocasiones he pensado y dicho que a lo mejor fue un buen momento para mi hermana irse con el Señor. ¡Quién sabe si su hombre iba a salir de la cárcel y ella hubiera vuelto a sus viejos caminos! Hay muchas cosas que yo no entiendo y nunca entenderé porque no soy Dios, pero una cosa entiendo: todas las cosas obran para bien para aquellos que aman a Dios. Mi pequeña hermana está con el Señor, pasándola bien con Él.

La Biblia dice: *"Y sabemos que a los que aman a Dios, todas las cosas les ayudan a bien, esto es, a los que conforme a su propósito son llamados"* (Romanos 8:28). Nosotros usamos ese verso mucho sin realmente entender que cuando dice "todas las cosas", eso es exactamente lo que significa. No solo cuando estamos pasando por pequeñas pruebas como "El pastor no me saludó este domingo" o "Mi esposo no sacó la basura". Cuando la Palabra dice "todas", significa todas. ¿Qué significa "a bien"? Eso significa que en todas las cosas Dios tiene un plan y un propósito.

William, el hijo de Yolanda, se fue a hacer las cosas que estaba haciendo que yo sabía que no eran tan buenas. Aunque él no fue un buen hijo ni tenía una buena relación con su mamá, sé que muy dentro de él, la amaba. Él se arrepintió de cómo la trataba porque le habló de eso a mi hermana Letty. Lamentablemente, tú no puedes volver atrás el reloj de la vida. Siete meses más tarde, William fue asesinado en Jacksonville, Florida. Cuando tú decides dañar tu vida, recuerda, esa opción está en ti. Sí, él estaba envuelto en drogas y yo realmente no sé qué había pasado, pero espero que en sus últimos suspiros se haya arrepentido y le haya pedido perdón a Dios. Eso fue lo que yo escogí creer que William hizo antes de morir.

Ese agosto del 2010 no fue un mes bueno para mí porque perdí a mi hermana. Hacía unos años había perdido en Puerto Rico a mi primer sobrino y siete meses después de la pérdida de mi hermana, perdí a mi segundo sobrino. Yo perdí a mis dos sobrinos por el mismo problema: las drogas.

DIOS
ES FIEL

Nosotros íbamos camino a California a trabajar en una iglesia en San Diego. Yo sabía que Dios estaba tratando con nuestras vidas y había asuntos que Él quería tratar en nuestros corazones. Para aquel momento, esa era la puerta que Dios había abierto para nosotros. Nosotros como que sabíamos que no íbamos a estar allí por mucho tiempo, pero por ahora esa era la puerta que teníamos que atravesar. Todavía estábamos viajando y ahora Dios estaba abriendo puertas en América Latina. Joe estaba trabajando con los hombres en la iglesia. Yo no estaba envuelta, pero de vez en cuando hacía un poco de consejería. Yo estaba gozándome mi tiempo con mi esposo, algo que no habíamos hecho en mucho tiempo debido a sus tantos viajes, nos extrañábamos el uno al otro. En todos los años que hemos estado casados que son 38 años, si cuento todos los viajes que él ha hecho, hasta el 2010 estuvimos juntos como unos 25 años. En los últimos cinco años hemos pasado juntos más tiempo.

Mi esposo ha sido una gran bendición. El matrimonio es un proceso hasta la muerte, pero es grandioso. La vida ha sido buena y Dios tiene el cien por ciento del crédito de esa grandeza. Por siempre estaré agradecida. Mi esposo y yo hemos tocado a tanta gente a través de nuestro ministerio. Nunca pareció asombrarme el poder de Dios. Yo sé que cuando nos paremos ante Dios, Él dirá: "Bien hecho". Nos costó, pero no nos arrepentimos de lo que Dios ha hecho y lo que sigue haciendo. Por eso tú, quien fuere que estás leyendo este libro, no te rindas. Habrá tiempos de desaliento y querer dejarlo todo, pero no lo hagas. Tu recompensa está al doblar la esquina. Hay tal gratitud cuando puedes mirar alrededor a las personas que has tocado. Cuando la gente viene a ti y acepta al Señor al hacer el llamado al altar, cuando te dicen que fuiste de bendición y su matrimonio fue restaurado, cuando te dicen que no estaban caminando bien con Dios y Dios te usó en su vida, no hay precio que puedas poner a todo eso.

La vida sin Jesús es nada, pero la vida con Jesús es todo. Yo no entiendo cómo la gente deja a Dios por tonterías. Algunos dicen que el pastor nunca los saluda. ¿Y qué? Tú no estas ahí por el pastor; tú estás ahí porque Dios te plantó en esa iglesia. Solo sé obediente y deja que Dios trabaje en tu vida. Por alguna razón Dios te llevó allí. Otros dicen que en la iglesia siempre piden dinero. Si tú y yo le diéramos a Dios lo que le pertenece, en la iglesia no tendrían que pedir dinero. No olvides que tú nunca puedes estar por encima de Dios. Nosotros necesitamos dejar de buscar excusas y empezar a servirle a Dios por lo que Él es. Yo he aprendido a poner mis ojos en Jesús. De esa manera cuando la gente falla, yo digo que son humanos porque nosotros vamos a fallar por lo menos una vez. Nosotros cometemos errores, pero rendirnos no es una opción. Cuando quieras decir "no puedo seguir", es el momento de decir como la Biblia dice: *"Diga el débil: Fuerte soy"* (Joel 3:10). Dios ha depositado en nosotros un poder y una fuerza que necesitamos para momentos como esos. En esos momentos que dices que no puedes, Dios dice que sí puedes. Yo he encontrado que esa es una gran verdad en mi vida. Es como si yo le dijera a una embarazada de nueve meses que no está embarazada, que todo está en su mente y que se está imaginando cosas. Ella me va a mirar como que estoy loca y lo próximo que va a decir es "yo siento este bebé y se mueve dentro de mí". A ese punto, no puedo debatir. Ella sabe que está embarazada. Esa mamá discutirá conmigo que hay vida dentro de ella y ella ganará.

Lo que Dios ha puesto en nosotros es Jesús y es un hecho. Yo sé que dentro de mí está Jesús, el hijo de Dios, y sé de lo que sería capaz. La Biblia dice que puedo hacer todas las cosas. No puedes ir contra eso. Si Dios está dentro de ti, entonces tú lo puedes hacer. Mi nieta tenía varias materias en la escuela que tenía que mejorar antes de que se graduara; ella tenía que trabajar duro en eso. Yo siempre le decía: "Querida, tú lo puedes hacer. Tú puedes pasar esa prueba y te graduarás". Hubo tiempos en los que yo dudaba, pero no se lo decía. Tan pronto me llegaba ese pensamiento, yo decía: "Rehúso creerle a Satanás. Mi nieta pasará y se graduará. Gracias, Jesús, porque con tu ayuda, Deveanna se graduará". Justo antes de cada examen yo la llamaba, oraba por ella y antes de que colgara, le declaraba algo que había escuchado en una película: "Deveanna, tú puedes hacer cualquier cosa y lo puedes hacer mejor". Mi nieta se graduó y el Señor sí le ayudó en sus estudios.

No hay nada que tú y yo no podamos hacer. Nosotros

somos más que vencedores en Jesús. Ese es el Jesús que vive en ti y en mí. ¿Qué es lo que no puedes hacer? No inventes una excusa barata diciendo que es duro. No hay problema muy grande que Dios no resuelva. Mi Dios es un gran Dios. No hay nada ni habrá nada que Él no pueda manejar. Así que tú y yo tenemos un largo viaje a menos que no estés dispuesto. Tan pronto estés listo, asegúrate el cinturón de seguridad y disfruta. En esa vuelta habrá altos y bajos como en una montaña rusa, pero cuando te bajes, estarás emocionado y listo para más. ¿Por qué? Porque disfrutaste la vuelta. Tú amas lo que sentiste y cómo lo sentiste. Es lo mismo con el Señor. ¡Es emocionante! Mis años de servirle a Dios han sido buenos y emocionantes. Nunca sabes lo que va a pasar; ni siquiera las cosas que ya están predestinadas para ti. Cada vez sales más victorioso y más poderoso, fortalecido y con más unción.

Cada vez que soy invitada a compartir, la gente siempre me dice que desean tener mi unción. Yo contesto: "Tú la tienes porque es algo que Dios ya ha depositado en ti". Todo lo que tenemos que hacer es usar lo que Dios nos ha dado. Eso fue lo que Dios le dijo a Moisés. Él le preguntó a Moisés: "¿Qué es lo que tienes en la mano?". Y cuando Moisés se relajó, vio que lo que tenía era para un propósito. Lo que Dios ha colocado en tus manos y en las mías es para que lo usemos. Así que no te rindas, sigue adelante. Si alguien me preguntara: "Ada, si lo tuvieras que hacer todo de nuevo, ¿qué cambiarías?". Mi respuesta sería: "Absolutamente nada". Si no fuera por mi pasado, no estaría viviendo mi vida presente. Ha sido excitante servirle a un Dios maravilloso, ha sido delicioso casarse con este hombre de Dios con el que me ha bendecido. Es un hombre con integridad, un hombre con fe y un hombre que ama a Jesús con todo su corazón. Si no fuera por este camino que Dios trazó para mí, yo no hubiera tenido mi bella hija Mónica. Ella es una madre maravillosa y buena. Como dice mi nieta Deveanna, ella es amorosa, generosa, cortés, paciente a veces, pero sobre todo maravillosa, más de lo que yo pueda pedir como amiga y como madre. Mi otra nieta Aleah dice que ella es chévere, amorosa, servidora, "ha estado ahí para mí", "me ayuda con cosas". Mónica tiene un bebé de 16 meses que si pudiera hablar, diría todo lo que ya he dicho. Esa es mi hija, el regalo que Dios me ha dado. A mi hijo Ephraim tampoco lo hubiera tenido si yo hubiera hecho algo diferente. Él ha sido extraordinario. Es todo lo que hubiera querido en un hijo y un poco más. Yo no hubiera tenido los hijos con los que Dios me bendijo si hubiera cambiado algo y lo hubiera hecho todo de nuevo. No tendría a mis nietos Deveanna, Aleah, Elijah, Cayden, Kristen y Kayla, ni a mi maravilloso yerno Terry.

Estoy agradecida por todo lo que Dios me ha dado, así que no cambiaría nada. Mi vida como es ha sido grandiosa. Solo voy hacia delante porque sé que Dios todavía tiene muchas cosas para mí y para nosotros como familia. Si mis padres vivieran, estarían orgullosos de mí y de lo que Dios ha hecho en mi vida. Estoy orgullosa de la mujer que Dios me ha hecho. Voy a cumplir 60 años de edad y Dios no ha terminado conmigo. Yo todavía tengo un largo camino por recorrer y aún no soy lo que debería ser, pero gracias a Dios no soy lo que era. Cada día quiero ser más como Jesús y para que eso suceda, Dios me moldea como Él lo considere y mientras me moldea, si hay algo que no le gusta o si hay una grieta en la arcilla, Él lo romperá todo y comenzará de nuevo. ¿Por qué? Porque así es Jesús. Él no solo quiere hacer una vasija bonita, Él la quiere bella.

Nunca tomes por hecho lo que Dios quiere hacer en tu vida. Cuando las cosas pasan es por una razón. Esa razón es porque Él desea enseñarnos algo nuevo. Muchas veces nos moldea para hacernos mejores hombres y mujeres. Él no quiere que seamos mediocres, sino los hombres y mujeres que tienen el poder de Dios y que se paran ante cualquier cosa que venga en su camino, sin miedo a decidir lo que es o no correcto. Tanta gente juega a la Iglesia y no lo toman en serio. Ellos tienen un pie en el mundo y otro en la Iglesia. Tú y yo sabemos que eso no está bien. Si vas a servirle a Dios, sírvele con todo tu corazón. Yo estoy casi segura de que Dios ha sido bueno contigo, así que ¿por qué jugar? Todo lo que Dios ha hecho y hará por nosotros es por amor. La Biblia dice: *"Porque de tal manera amó Dios al mundo, que ha dado a su Hijo unigénito, para que todo aquel que en él cree, no se pierda, mas tenga vida eterna"* (Juan 3:16). Su amor es espectacular. Él no tenía que hacer lo que hizo muriendo por ti y por mí, pero lo hizo simplemente porque nos ama. Yo te voy a decir lo que he dicho a través de mi camino con Dios. Mantén tus ojos en Jesús. Este fue un consejo que alguien me dio hace mucho tiempo cuando estaba en el centro de rehabilitación. Ella dijo: "Ada, yo te puedo fallar, los directores de este programa te pueden fallar, la gente en la iglesia te pueden fallar y aún los pastores te pueden fallar". Entonces ella dijo: "Una cosa es segura: Dios nunca te fallará, Dios es un Dios de fidelidad y es seguro que su fidelidad es eterna y su amor nunca falla".

Al momento de terminar este libro, insisto en recordarte

algo. No hay situación, no hay circunstancia, nada que Dios no pueda tomar y convertirlo en algo mejor. Eso lo sé por experiencia. Siempre ten presente que Dios nos promete que Él nunca nos dejará o nos desamparará. Él permanecerá más cerca de ti que un amigo. Yo he descubierto en mi vida que esto es un hecho real. He dicho esto durante 40 años y lo seguiré diciendo mientras viva: mi Dios es bueno siempre. Yo oro y espero que este libro haya sido una bendición para ti. ¡Pásalo!

Datos de la autora

L A PASTORA ADA Rosa, de padres puertorriqueños, nació y se crió en la ciudad de Nueva York, siendo la mayor de cinco hermanos. Durante su temprana adultez se fue a Puerto Rico, donde conoció el evangelio y aceptó a Jesucristo como su salvador personal. En esa misma oportunidad conoció a su esposo, Joe Rosa, con quien ha estado casada durante cuarenta años. Tienen dos hijos, Mónica y Ephraim, y seis nietos.

La pastora Ada es testimonio vivo del poder de cambio de la gracia de Dios cuando una persona se rinde a Él. Su pasión por servirle a Dios ayudando a libertar y restaurar las vidas de miles de mujeres cautivas de las drogas, la ha llevado, junto a su esposo Joe, a fundar hogares de rehabilitación en México y varias ciudades de los Estados Unidos. Decididos a seguir la dirección de Dios en sus vidas, también fundaron y pastorearon durante doce años la iglesia King's Chapel, en Phoenix, Arizona.

Los pastores Ada y Joe Rosa predican la Palabra de Dios en el mundo entero y colaboran con el pastor Ruddy Gracia en la iglesia Segadores de Vida, en Hollywood, Florida.

Para contactar a la autora escriba a: Adarosa@gmail.com o llame al 1 (619) 948-6321.

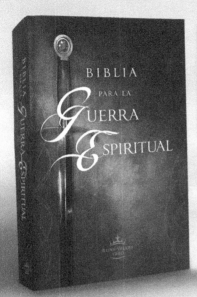
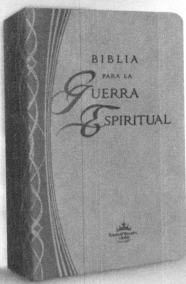